TAI BACH A THAI MAS
Y CARDI AR EI WAETHAF

TAI BACH
A
THAI MAS

Y CARDI AR EI WAETHAF

LISA PENNANT

CYMDEITHAS LYFRAU CEREDIGION GYF

Argraffiad cyntaf: Tachwedd 2000

ISBN 1-902416-21-X

Enwau dychmygol a ddefnyddir ar gyfer pobl a llefydd y llyfr hwn.

Diolch i Dic Jones am ganiatâd i ddyfynnu o'i waith ar dudalen 11.
Diolch i Wasg Gomer am ganiatâd i ddyfynnu
'Y Cardi' o *Ail Gerddi Isfoel Ynghyd â Hunangofiant Byr*
a gyhoeddwyd gan Wasg Gomer ym 1965.

Dymuna'r cyhoeddwr gydnabod
cymorth Adrannau Cyngor Llyfrau Cymru.

Cysodwyd ac argraffwyd gan
Creative Print and Design Cymru, Glynebwy NP23 5XW.

Cyhoeddwyd gan Gymdeithas Lyfrau Ceredigion Gyf.,
Ystafell B5, Y Coleg Diwinyddol Unedig, Stryd y Brenin,
Aberystwyth, Ceredigion SY23 2LT.

I fy annwyl ŵr
a'm plant

I

Y CARDI

O'r Iberiaid gŵr bore, – a'i ergyd
Ar fargen bob cyfle;
Gan y wàg mae'i geinioge,
Yn bur saff yn ei bwrs e!

Isfoel

CARDIS yw'r enw a roddir arnom ni drigolion yr hen sir
Aberteifi, neu Geredigion, a chawn yr enw o fod yn bobl
dynn am y geiniog neu hyd yn oed yn bobl fên iawn. Mae hyn
bob amser yn rheswm da dros dynnu coes gan bobl sy'n byw
y tu allan i'r sir, ac yr ydym yn fynych yn destun sbort. Un
stori sy'n cael ei hadrodd yn ddi-ben-draw yw'r un am y tri
dyn a gafodd eu llongddryllio ac a olchwyd i'r lan ar ynys
bellennig; un o sir Gaerfyrddin, un o sir Benfro a'r llall o sir
Aberteifi. Yn teimlo'n wangalon, a heb fawr ddim i'w wneud,
penderfynodd y gŵr o Gaerfyrddin y dylent weddïo am gael
eu hachub, awgrymodd y gŵr o Benfro ddilyn y weddi gyda
chanu emyn, a dywedodd y Cardi y byddai'n falch iawn i
helpu drwy wneud y casgliad.

Er hyn oll y mae rhesymau dilys, sydd ymhell o fod yn
ddoniol, yn gyfrifol am ein hymddygiad. Fe'm hatgoffwyd o'r
rhain y dydd o'r blaen, pan gefais sgwrs â hen ffermwr lleol yn
tynnu at ei bedwar ugain, sydd heddiw'n byw'n reit
gyffforddus. Disgrifiai ei fywyd caled pan oedd yn blentyn. Ef
oedd yr unig fachgen ymhlith chwech o blant, a bu ei fam

farw ar enedigaeth yr ieuengaf. Yn ffortunus iawn, daeth modryb, sef chwaer ddibriod eu mam, i ofalu amdanynt. Pan oedd ond deuddeg oed bu farw ei dad o glefyd na chawsai ei enwi ar y pryd, er mae'n debyg mai cancr ydoedd, ac yn dilyn hyn bu nifer o fechgyn o gartrefi elusengar yn Lloegr, a labrwrs o Iwerddon, yn gweithio iddynt, ond dim un ohonynt yn aros yn hir. Cofiai ei fodryb yn llefain yn aml, oherwydd nad oedd ganddi arian i brynu bwyd a dillad iddynt. Roedd nifer mawr o ffermwyr eraill yr ardal yn dioddef yr un tlodi. Byddai'r cyfoethog yn rhoi eu hen ddillad i'r tlodion, a phe na baent yn ffitio un teulu, byddai digon o rai eraill yn barod amdanynt, a phawb yn cael cyfran o'r haelioni.

Mae gweld pobl heddiw sy'n honni bod yn dlawd, yn troi eu trwynau ar ddillad bron yn newydd sydd ar werth yn y siopau elusen a ffeiriau sborion, yn anghredadwy i ni sydd yn hŷn. Yn ddiweddar, mewn ffair yr oeddem yn ei chynnal i godi arian at elusen, er mwyn cael gwared â'r holl ddillad rhaid oedd cyhoeddi ar y diwedd, i bwy bynnag a ddymunai fynd â faint a fynnent am ddeg ceiniog. Meddai hen foi o Sais wrthyf, wrth weld y cyffro, a sylwi ar y prynwyr, 'Those are all fairly well off,' ac ar ôl tipyn o feddwl dwys, 'and I dare say that is what makes them well off.' Y mae yn y rhan yma o'r wlad ar hyn o bryd fwy o ddillad da ail-law ar werth yn rhad nag sydd eu hangen ar y trigolion sy'n tybio eu bod yn anghenus. Y mae hyn yn adlewyrchiad rhyfedd o ardal sydd, yn ôl yr ystadegau, â diweithdra uchel iawn. Profa hyn nad oes yma ddim byd tebyg i dlodi'r dyddiau cynt. Yn wir, mae'n ardal gyfoethog mewn cymhariaeth. Y mae'r henoed yn falch iddynt oroesi caledi eu plentyndod. Awgryma Dr John Davies yn ei lyfr *Hanes Cymru*, a gyhoeddwyd yn 1990, fod y rhan yma o'r wlad wedi dioddef tlodi yn y tridegau bron cynddrwg â'r newyn a achoswyd gan

2

fethiant y cnwd tatws yn Iwerddon yn y bedwaredd ganrif ar bymtheg. Er hynny cadwasom ein hurddas ac ni feddyliem erfyn cardod. Llwyddasom i oroesi oherwydd ein balchder. Does ryfedd yn y byd i'r hen Gardi gael ei ystyried yn gybydd, a diolchwn fod nifer o'r to ifanc wedi etifeddu'r genynnau hynny. Yr ofn a'r pryder y daw'r amser caled yn ôl, ac y bydd rhaid wynebu gwir dlodi unwaith eto, sy'n gyfrifol am ein hymddygiad.

Yr wyf finnau hefyd yn un o hil yr 'Iberiaid', chwedl Isfoel. Ganwyd fi ar ddiwedd dauddegau'r ugeinfed ganrif, a chefais fy magu mewn tyddyn bach o'r enw Parcderyn ym mhentref Blaen-y-groes yng ngodre'r sir. Ymhlith y dylanwadau pennaf arnaf yn blentyn oedd fy modrybedd Sarah a Nell a'm hewythredd Tom, Griff, Joe a Jim a'u gwragedd, yn enwedig Anti Sally, gwraig Wncwl Tom, a oedd yn brifathrawes ar ysgol gynradd ym Morgannwg.

Cytunaf yn llwyr â'r bardd Eilir mai dyma'r sir orau yn y wlad:

SIR ABERTEIFI

Clywsoch sôn am Sir Barteifi,
Dyna'r sir y ces i 'ngeni;
Cymru i gyd amdani roddwn,
Lloegr hefyd rown pe'i meddwn.

Dyna sir y bais a'r betgwn,
Gwisgwn hwy bob dydd pe gallwn;
Dyna sir y clocs a'r bacsau,
Sanau gleision a socasau.

Dyna'r sir am gaws a menyn,
Ac am gawl ac am laeth enwyn,
Ac am fara ceirch a sopen,
Ac am de a'i lond o hufen.

Dyna sir y cotau llwydon,
Dyna sir y menig gwynion;
Dyna sir sy'n dal i gadw
Yr hen iaith rhag iddi farw.

Sir y Cardis bia Teifi,
Clettwr [sic], Cerdin, hithau Ceri,
Aeron, Ystwyth, a'u holl bysgod,
Yn eogiaid a brithyllod.

Môn ac Arfon, Fflint, Meirionnydd,
Dinbych, Maldwyn, haeddant glodydd,
Myrddin, Mynwy a gwlad Forgan,
A Maesyfed a Thir Brychan,
A Sir Benfro, – gwiw ei henwi,
Sir pob sir yw Sir Barteifi.

Adeiladwyr oedd fy nheulu; fy nhad-cu yn gontractwr
oedd yn dysgu prentisiaid ac yn cyflogi gweithwyr lleol yn
ogystal â'i feibion ei hun. Un cwsmer pwysig oedd yr emyn-
ydd John Thomas, Llanwrtyd, a fynnodd gael tŷ wedi ei
adeiladu ar bwys capel Blaenannerch, a'i gais pennaf oedd i'r
tŷ edrych mor debyg ag y gallai i gapel. Swyddfa bost yw'r tŷ
ar hyn o bryd, ond ymdebyga'r ffenestri i rai addoldy o hyd.
Pan fyddai dirwasgiad yn gafael yn y busnes adeiladu lleol,
doedd dim amdani ond codi pac a symud i ffwrdd i chwilio
am waith rywle arall, gan nad oedd cymhorthdal i'r di-waith a
doedd ar neb eisiau llwgu. Ni chredent lai nad datganiad eithaf

synhwyrol oedd 'Get on your bike'. Byddai'n orfodol iddynt wneud hynny'n dra aml.

Aeth pedwar ewythr i mi i America ond dim ond un a ymgartrefodd yno, a merch o'r enw Lydia o'r hen sir yn wraig iddo. Daeth Wncwl Jim yn gyfarwyddwr cwmni adeiladu a gododd y stadiwm dan lifoleuadau gyntaf yng Nghanada, er mawr lawenydd i'r Cymry yno. Pennawd yn y papur Cymreig lleol oedd: 'And a lad from Cardigan did it all'.

Bu'r pedwar brawd yn San Ffransisco yn ailadeiladu'r ddinas ar ôl y tân mawr a ddilynodd y ddaeargryn yn 1906. Mae gennym bentwr o gardiau post a anfonwyd o nifer mawr o lefydd yn America yn nechrau'r ganrif ddiwethaf. Pan oeddwn yn fach roedd gen i lawer mwy o wybodaeth am drefi ac ardaloedd yn yr Unol Daleithiau nag am y rhan fwyaf o Loegr. Siaradem am Idaho, Colorado, Utah, Boston, Coney Island a Chicago fel petaent lawr yr hewl o'm cartref. Cafodd un digwyddiad yn arbennig effaith barhaol ar Wncwl Joe ac Wncwl Jim, a barnu wrth y nifer o weithiau iddynt adrodd y stori. Roeddent ar y pryd yn ceisio ennill eu tamaid yn Efrog Newydd, y ddau yn adeiladu lle i fygu cig. Am ryw reswm neu'i gilydd aeth pethau o chwith, ac ar ôl gorffen y gwaith a chynnau tân gwelwyd mwg trwchus yn dod allan o'r to. Doedd dim amser i gynnal cwest, a chan fod yr 'Yanks' yn bobl wydn ac yn methu derbyn gwaith gwael, rhaid oedd codi pac, anghofio am y tâl a dianc cyn gynted ag oedd bosib. Caled oedd y gwaith ar y gorau. Ar adegau byddent yn ddigon lwcus i gael dyrchafiad yn fforman ond, ar wahân i hynny, rhaid oedd dioddef y gaffer â megaffon yn gweiddi trwy gydol y dydd, 'You with the specs, get a move on,' neu 'Taffy, no time for resting'. Roedd y tâl yn dda, ond ar ôl dychwelyd i'r wlad hon caent hi'n anodd setlo lawr i weithio mewn awyrgylch mwy araf a hamddenol.

Penderfynodd un mab beidio â dilyn ei dad fel adeiladwr; aeth yn hytrach yn brentis mewn siop groser, ac felly nid arhosodd yn hir yn America. Dyma adeg ffasiynol iawn i'r Cardis fynd i Lundain ac ymroi i'r busnes llaeth, yn y gobaith fod aur ar strydoedd y brifddinas. Yn yr East End oedd siop Wncwl Griff, yn gwerthu cynhyrchion llaeth. Byddai nifer o weithwyr lleol, yn arbennig peintwyr, yn mynychu'r siop sawl gwaith y dydd i brynu traean peint o laeth ar y tro, er mwyn iddo wrthweithio yn erbyn y plwm oedd yn y paent a ddefnyddid ganddynt. Arferent gadw dail asbidistra yn y siop i gadw'r cynnyrch yn oer, gan nad oedd dydd yr oergell wedi gwawrio eto.

Ymunodd Anti Nell â'r brawd yn Llundain, a hi fu'n gyfrifol am redeg y siop am gyfnod. Dôi eu nithoedd o Gwm Rhondda yn eu tro i roi help llaw. Ni fedrai'r rhain y Gymraeg; dyma genhedlaeth a gollodd yr iaith oherwydd i'w rhieni symud i'r de i weithio. Nid oedd eu Saesneg yn dda chwaith, ac y mae'n anodd credu fod fy modryb uniaith Gymraeg – ar wahân i'r tipyn Saesneg a ddysgodd yn yr ysgol – yn medru cyfathrebu â thrigolion dwyrain Llundain yn well na nhw. Amhosibl oedd gadael merched y Rhondda y tu ôl i'r cownter oherwydd siaradent gymysgedd o'r ddwy iaith, gyda chymalau megis, 'Where's the clwtyn?' a 'Shwt ti boi, is it milk you want, bach?' Adroddent ambell rigwm a ddysgasent yn blant:

> There was a great ryfeddod in Llundain one day,
> When rhywbeth like a lion had rhedeg away,
> The people were frightened, a minnau'r un fath,
> The same as a llygoden afraid of a cath.

Roedd lot o siarad yn yr ardal gartref fod y Cardis a symudodd i Lundain yn gwneud eu ffortiwn trwy roi dŵr yn y llaeth a werthent, er mae'n debyg fod peth elfen o eiddigedd yn yr honiad. Pan gyrhaeddodd Diwygiad 1904 Lundain, bu llawer o gyffesu yn y cyfarfodydd. Clywid y Cardis yn llefain o'r galeri, 'O Dduw, os gweli'n dda, wnei di faddau i mi? Rwyf wedi pechu; rhois i ddŵr yn y lla'th a thwyllo'r cwsmeriaid. Rwy'n addo ar fy llw na wna i byth mo hyn eto. O Dduw, bydd drugarog a maddau i mi.' Dychwelodd nifer o'r Cardis cyfoethog yma yn ôl i fro eu genedigaeth ar ôl ymddeol, gan brynu cartrefi moethus a byw bywyd bras. Chwarae teg, gwnaeth llawer ohonynt waith elusennol gwerthfawr gan brofi'n asgwrn cefn i achosion da.

Ond Cardi yw Cardi ble bynnag y bo. Sawl blwyddyn yn ôl, yn yr Eisteddfod Genedlaethol, cyfarfûm â gŵr a gwraig oedd wedi dod drosodd o'r Amerig yn arbennig ar gyfer yr ŵyl. Roedd y ddau ar fin ymddeol, wedi treulio blynyddoedd lawer yn alltud o'u gwlad. Eu gobaith mawr oedd dod adre i fwynhau gweddill eu hoes yn yr ardal a garent gymaint. Roeddent yn barod i gyfaddef iddynt gasglu cyfoeth lawer yn yr Amerig; yn ennill arian da, ond yn byw fel Cardis.

Roedd gan fy mam stori ddigon trist a ddangosai falchder a hunan-barch y Cardi. Hanes yw am ddwy chwaer ddibriod a'u cafodd eu hunain mewn sefyllfa druenus, na allent ei hosgoi. Trigai Lizzy a Hannah mewn tyddyn gyda'u rhieni, yn eitha cyfforddus eu byd hyd nes i'w rhieni farw. Ni fu raid iddynt fynd allan i ennill bywoliaeth erioed, ac a hwythau'n tynnu 'mlaen mewn oed erbyn hynny, daeth yn hollol amlwg yn fuan iawn na allent ffermio'r lle bach i wneud digon o elw i fyw arno. Er hynny cadwent ati, gyda phob arwydd o dlodi mawr. Un flwyddyn methwyd â chynaeafu'r gwair, gan fod y tywydd yn wlyb a phawb yn gorfod gofalu am eu buddiannau eu hunain. Gan nad oedd ganddynt ddyn ar y fferm, a hwythau efallai yn rhy annibynnol i ofyn am gymorth, bu'r

cyfan yn fethiant. Doedd dim bwyd dros y gaeaf i'r ychydig
anifeiliaid oedd ar ôl erbyn hynny. Drws nesaf iddynt trigai
ffermwr cyfoethog, a charedig iawn hefyd, o'r enw Evan
Griffith. Buont i gyd yn yr ysgol gyda'i gilydd, a bu'r ddau
deulu'n ffrindiau mawr erioed. Bu Evan yn lwcus i gael cnwd
da o wair i'r ydlan. Gwyddai'n dda am falchder y ddwy
chwaer, felly wrth gwrdd â hwy'n ddamweiniol ryw ddydd,
awgrymodd, yn ddiplomatig iawn, iddo fod yn ffodus i
gynaeafu ei wair yn llwyddiannus, a bod mwy na digon
ganddo i'w anifeiliaid. Os hoffent gael peth, roedd croeso
iddynt. Yr ateb a gafodd oedd eu bod yn ddiolchgar iawn iddo
am ei gynnig hael ond doedd dim angen help arnynt, gallent
ymdopi yn iawn dros y gaeaf.

Yn fuan iawn sylweddolodd Evan fod gwair yn diflannu o'r
ydlan dros nos. Ar y dechrau ni allai ddeall beth oedd yn
digwydd, ond ni fu yn hir cyn dyfalu, ac un noson arhosodd
allan yn hwyr a chuddio yn agos i'r ydlan. Fel y tybiai, dyma
Lizzy a Hannah'n cyrraedd a llywanen fawr ganddynt, tynnu
gwair o'r das a'i llanw, a bant â nhw. Doedd dim byrnau yn y
dyddiau hynny, a rhaid oedd torri'r gwair yn y das â chyllell
arbennig at y gwaith. Yr oedd hyn yn waith caled i ddynion,
heb sôn am wragedd, yn enwedig wrth i'r gwair setlo a mynd
yn fwy clòs at ei gilydd. O hynny allan torrai Evan ddigon o
wair iddo'i hun yn ystod y dydd, a thorri peth yn ychwanegol
a'i adael ar y llawr erbyn i'r ddwy chwaer ddod i'w nôl, ar ôl
iddi dywyllu. Aeth hyn ymlaen drwy'r gaeaf, ac ni ddywedodd
Evan Griffith air wrth neb am yr hyn a ddigwyddai; yr oedd
pob peth fel cynt rhyngddo a'r ddwy chwaer, ac ni fyddent
byth yn sôn am fwyd anifeiliaid. Fy mam oedd eu ffrind
gorau, a datgelwyd y gyfrinach wrthi hi, ond chlywodd hi'r un
gair gan neb arall am y digwyddiad.

Cadarnle Rhyddfrydiaeth oedd Aberteifi yr adeg honno a phobl Lloyd George oedd y bobl, gan mai ef a ddaeth â'r pensiwn iddynt. Er hynny, hoffent gadw'u teyrngarwch gwleidyddol yn gyfrinach. Yr oeddynt wedi dysgu'r ffordd anodd, gan gofio'r hyn a ddigwyddodd i'r tenantiaid a bleidleisiodd yn erbyn ewyllys eu landlordiaid, Torïaid o Saeson. Cawsant eu troi allan o'u cartrefi, ac os oedd fferm fach ganddynt, o'u bywoliaeth hefyd. Cofiaf amser un etholiad a minnau tua saith oed pan gefais fy ngwisgo mewn ffrog goch a chot las, a'm gyrru i sefyll ar ochr y ffordd fawr a âi heibio'r tŷ. Disgwylid y ddau ymgeisydd, y Tori a'r Rhyddfrydwr, i basio heibio. Tramwyai'r ceir, a oedd wedi eu haddurno â'u lliwiau pwrpasol, yn araf, a chefais fy siarsio cyn gynted ag y gwelwn gerbydau glas yn ymddangos yn y pellter, fy mod i gau fy nghot yn dynn, ond os cerbydau coch oedd i'w gweld, fy mod i dynnu fy nghot, a'i chwato o'r golwg yn y clawdd, hyd nes i'r orymdaith fynd heibio. Ie, rhaid oedd dysgu plentyn ym mhen ei ffordd!

Yr unig rai i gefnogi'r Blaid Lafur oedd 'bois yr hewl'. Er mai gweithwyr cyffredin oeddynt, tebyg fod gwell byd arnynt na nifer o'r ffermwyr, gan eu bod yn derbyn cyflog wythnosol a heb orfod dibynnu ar y farchnad na'r tywydd. Amser etholiad, byddent â'u rosetiau gwyn a gwyrdd, yn treio'u gorau glas i ddenu pobl i bleidleisio i'w hymgeisydd, heb fawr o lwyddiant yng nghadarnle Rhyddfrydiaeth.

Pethau rhyfedd o gyffrous oedd lecsiynau cyngor lleol yn y dyddiau hynny hefyd. Gan nad oedd gan bleidiau gwleidyddol ran i'w chwarae ynddynt, personoliaeth yr ymgeiswyr oedd yr unig beth pwysig. Am nifer o flynyddoedd cynrychiolwyd ein hetholaeth ni gan ffermwr lleol; dyn poblogaidd, caredig, a cheidwad da i'r anghenus. Un o'i arferion caredig oedd rhoi

digon o ddom da yn rhad ac am ddim i'r pentrefwyr bob
blwyddyn ar gyfer eu gerddi. Doedd neb byth yn ei wrth-
wynebu adeg etholiad, hyd nes i'r ysgolfeistr lleol benderfynu
gwneud hynny, ac er mawr syndod ennill y sedd. Bu hyn yn
ergyd drom i Joseph Jenkins ac yn golled i'r ardal oherwydd ni
ddôi ei olynydd byth i lanw ei esgidiau. Y noson y cyhoedd-
wyd canlyniad yr etholiad, aeth y teulu Jenkins adre'n ddi-
galon, yn llefain yr holl ffordd, a'r merched yn gweiddi, 'Dim
domyn Data bach, dim domyn'. Câi gerddi'r pentre wywo heb
wrtaith rhad o hynny allan.

II

Dyddiau Ysgol

Heuodd ddisgyblaeth drylwyr pan oedd maldod
Seicoleg plant yn brin, a choed yn rhad.

Dic Jones

Rwy'n cofio gŵr lleol, Defi John Thomas, Llain-lwyd, yn
dweud wrthyf ei fod, pan oedd yn blentyn ysgol, yn adrodd
Gweddi'r Arglwydd gyda'r plant eraill heb erioed ddysgu'r
geiriau yn gywir na gwybod eu hystyr. Arferai adrodd yn
feunyddiol: 'Our father charred in heaven. Harold be thy
name', ac yna 'Lead us not into Thames Station' gydag 'Amen'
uchel iawn ar y diwedd.

Hefyd, wrth drin hanes y Dilyw ac Arch Noa, gofynnwyd y
cwestiwn, 'For how long did it rain?' ac ateb diniwed y bachgen
oedd, 'Forty eights and forty nines', yn lle 'Forty days and forty
nights'. Dyma ganlyniad addysgu plant trwy gyfrwng iaith
estron; dim ond gobeithio i'r Hollalluog ddeall eu gweddi daer.

Agorwyd drysau ysgol pentref Blaen-y-groes yn 1860 fel
National Public School, a chefais gryn syndod pan ddeuthum
o hyd i raglen oedfa ddiolchgarwch yr ysgol a oedd yn rhan
o'r dathliadau canmlwyddiant yn 1960, a chanfod i'r oedfa gael
ei chynnal yn gyfan gwbl drwy gyfrwng y Saesneg. Ni chan-
wyd yr un emyn yn Gymraeg. Gallai hyn fod o ganlyniad i'r
ffaith fod un o deulu'r hen wŷr mawr yn byw yn yr ardal o
hyd ac ar fwrdd rheoli'r ysgol. Agorwyd yr ysgol yn swyddogol
yn 1875 fel Ysgol Elfennol Gyhoeddus, ac o hynny ymlaen

cedwid llyfr cofnodion. Rhestrir yn y llyfr y caneuon a ddysgid i'r plant, sef 'The Drummer Boy', 'Life is Short', 'Get Up Early', 'The Indian Warrior's Grave', a chyfeiriwyd at 'Men of Harlech' a'r 'Ash Grove' fel caneuon Saesneg. Ymhlith y farddoniaeth a ddysgwyd oedd 'The Village Blacksmith', 'The Deserted Village' ac 'Owen Glendower'.

Bu llawer o newid athrawon yn ystod y blynyddoedd cynnar. Gan mai ysgol eglwysig oedd hi dewisid y rheolwyr o blith y gwŷr bonedd Seisnig a oedd yn byw yn lleol ac yn cyflogi'r werin fel gweision. Teimlai'r Cymry'n iselradd, a does fawr o syndod i'r dosbarth canol droi eu cefn ar eu mamiaith a dysgu'r iaith a roddai statws iddynt. Gellir olrhain yr arfer hwn yn ôl i'r Deddfau Uno ac y mae'n fyw o hyd ymysg rhai o aelodau'r gymdeithas.

Dywedodd yr arolygwr a ymwelodd â'r ysgol yn 1878, 'The floor of the room is very dirty, and this is probably due to the muddy state of the approach to the boy's privy. This privy is not so clean as it ought to be and should be attended to by the master. More pegs are required for caps. Seventy-seven scholars are marked present, though only seventy-three are actually present.' Tebyg i'r prifathro fod mewn trwbl am hyn. Y flwyddyn ddilynol tynnodd yr arolygwr sylw at damprwydd y llawr, gan roi gorchymyn nad oedd yn y dyfodol i'w olchi'r noswaith cyn yr arholiad, ond y Sadwrn cynt. Tebyg mai dangos consŷrn ynghylch ei esgidiau ei hun ydoedd. Mae cofnod a geir yng Ngorffennaf 1886 yn dweud: 'As the room is cleared out only once a year, a holiday was given for that purpose.'

Gan nad oedd croeso i'r Gymraeg y tu mewn i gatiau'r ysgol, rhaid oedd rhoi gorchmynion yn Saesneg, a daeth y plant yn gyfarwydd â hwy drwy eu clywed yn cael eu hadrodd bob dydd e.e. 'pens down', 'eyes front', 'open books', 'close books', fel pe baent wedi ymaelodi â'r fyddin heb yn wybod iddynt. Pan ddaeth yr arolygwr i'r ysgol un tro ac i'r plant sefyll i'w gyfarch, gorchmynnodd iddynt eistedd gan ddweud, 'You may now stand down'. Nid oedd ganddynt syniad beth i'w wneud. Gwyddent yn dda beth oedd ystyr 'sit down' a 'stand' ond ddim 'stand down', a bu raid i'r prifathro ymyrryd i'w harbed rhag dryswch llwyr.

Ysgrifennwyd yn y llyfr cofnodion ar ddiwedd y bedwaredd ganrif ar bymtheg, 'It is still found extremely difficult to teach infants Object Lessons owing to their inability to understand English, consequently their progress have [sic] been very unsatisfactory. These little children hear nothing but Welsh outside the school and are therefore quite unable to attach any meaning to the simplest and commonest of English words. A great deal of time is bestowed upon an attempt to teach them these Object Lessons but to no avail.' Druan o'r plant; roeddynt yn uniaith Gymraeg.

O'r diwedd, yn 1884, daeth Cymro Cymraeg yn brifathro i ysgol y pentref. Gogleddwr ydoedd o'r enw William Roberts, ac ni fu fawr o amser cyn dod yn boblogaidd yn yr ardal. Roedd yn ŵr diwylliedig a chrefyddol, yn dipyn o fardd a llenor ac yn batriarchaidd yr olwg. Gwraig garedig oedd ei gymar ond un a gâi ambell bwl o syched enbyd, a cherddai ar adegau gymaint â dwy filltir i le o'r enw Tafarn Smwglyn i dorri'r syched hwnnw. Synnodd Mr Roberts pan gyrhaeddodd i weld dim ond tri deg o blant yn bresennol yn yr ysgol ac wyth deg enw ar y gofrestr. Deallodd yn gyflym y cedwid y plant gartref am nifer o wahanol resymau, ac ymddangosai ar adegau fel petai'r plant yn mynychu'r ysgol pan nad oedd ganddynt ddim arall i'w wneud. Yr esgusodion arferol am absenoldeb oedd pigo tato, plannu tato, trin yr ardd neu gasglu cerrig. Roedd yn amser caled a gwir angen y plant i helpu yn y cartrefi, ar wahân i'r ffaith nad oedd yr awyrgylch Saesneg yn denu'r plant i fynychu'r ysgol.

Daeth Mr Roberts yn ffrindiau pennaf â phrifathro'r ysgol elfennol agosaf, rhyw ddwy filltir i ffwrdd. Nawr ac yn y man byddai un yn rhoi tro am y llall, ac wrth ymado byddai'r llall yn hebrwng ei westai ran o'r ffordd adre. Sgwrsient yn ddibaid, a phan ddeuai tro'r hebryngwr i droi am adre byddai'r llall yn troi gydag ef. Yn ôl pob sôn treulient amryw noson yn crwydro'n ôl ac ymlaen heb i'r un ohonynt gyrraedd aelwyd yn ddiogel cyn y wawr.

Tua'r adeg yma ymddangosodd darn rhyfedd o farddoniaeth yn y *Gazette* lleol:

Llond yr hewl hyd at y cloddie
Yw Syr Dafi mawr Bryn-du,
Tebyg iawn fod pawb yn credu
Mai o fwnci y gwnaed dyn,
Ond Syr Dafi ballodd gyffro,
Safodd yno wrtho'i hun.

Pennill digon sarhaus, ac roedd hi'n ddigon eglur i'r pentrefwyr ei fod yn cyfeirio at ffermwr o'r enw Dafi Jones a ffermiai Helygddu ac nid Bryn-du. Roedd fy wncwl yn ffrindiau â'r prifathro, a chyfaddefodd hwnnw wrtho mai ei waith ef oedd y pennill. Cafodd ei gomisiynu i'w gyfansoddi gan y cynghorydd lleol, Jonathan Jenkins, a oedd hefyd yn un o reolwyr yr ysgol. Mae'n debyg i Dafi Jones, a oedd yn ŵr galluog a gwybodus, ddadlau â Jonathan Jenkins a beirniadu ei syniadau, ac felly ei wneud ei hun yn amhoblogaidd iawn yng ngolwg dyn mor bwysig. Felly dyma'r ffordd orau i dalu'r chwech yn ôl.

Yn 1897 daeth ymwelydd i'r ysgol ac awgrymu 'the importance of acquiring an English tone'. Gŵr a chanddo radd o Rydychen oedd hwn, heb unrhyw gydymdeimlad â phlant Cymraeg. Yn y flwyddyn ganlynol ysgrifennodd Mr Roberts yn y llyfr cofnodion, 'I find it very difficult to get such entirely Welsh children to recite English poetry with any intelligence.' Talai'r ffordd iddo ef ddangos pwysigrwydd y Saesneg i blesio'r rheolwyr a oedd yn gyfrifol am ei fywoliaeth.

Cyflogwyd gwraig leol o'r enw Sophia Williams yn 1885 fel *sewing mistress*, yn ennill ugain swllt y chwarter, i ddysgu gwaith gwnïo i'r merched. Roedd hi'n glyfar iawn gyda nodwydd ac yn awyddus iawn i'r merched wneud yn dda. Torrai ei chalon gydag ambell ferch nad oedd unrhyw obaith iddi ym myd y gwnïo, yn pigo'i bysedd ac yn colli gwaed dros y defnydd wrth i Miss Williams weiddi arni. Credai Miss mewn gwir ddisgyblaeth, ac ni fentrai neb siarad yn ei dosbarth.

Clywais hanes anghredadwy bron gan fy mam, a oedd yn aelod o ddosbarth gwnïo Miss Williams, am yr hyn a ddigwyddai ar y diwrnod y dôi'r arholwraig wnïo i'r ysgol. Câi'r merched hynaf damaid o ddefnydd a gwaith blwyddyn i'w gyflawni, ond ar ddydd yr arholiad dangosent waith yr oedd yr athrawes wedi ei baratoi ei hunan. Roedd hi wedi ffwdanu gwnïo blwyddyn o waith i bob merch yn y dosbarth uchaf. Ac nid dyna'r stori i gyd.

Gwyddent ymlaen llaw mai clytio oedd i'w wneud ar y diwrnod arbennig hwnnw, a byddai'r athrawes yn prynu'r defnydd yn barod. Yr oedd yn bwysig cael gwahanol ddefnydd i bob merch a digon ohono i allu gwneud dau glwt yr un. Yn gyntaf rhaid oedd i bob un o'r merched gael poced wedi ei wnïo yn y nicer y byddai'n ei wisgo ddydd yr arholiad, yna byddai'n cael clwt bron wedi ei orffen gan Miss Williams i'w roi ym mhoced ei nicer, ar ôl dysgu'n drwyadl pa ddefnydd oedd gan bwy. Wrth gwrs, rhaid oedd i'r merched wybod eu symudiadau'n drwyadl ymlaen llaw. Ar y dydd hunllefus hwn byddai'r arholwraig yn dosbarthu'r defnydd i'r merched, a byddent yn gweithio'n ddygn hyd at bron ddiwedd yr amser. Gan na ddeallai'r un ohonynt Saesneg, rhaid oedd i'r athrawes gyfieithu popeth iddynt ac ar yr un pryd fanteisio ar y cyfle i fynd oddi amgylch i ddweud wrthynt gyda phwy oedd y clyti-au tebyg. Ar ôl cadw golwg slei ar yr athrawes, ac mewn ymateb i winciad ganddi, dyma'r pâr cyntaf yn gofyn am gael mynd i'r tŷ bach a oedd ar waelod yr iard chwarae. Dyma lle byddai'r cyfnewid yn digwydd, a dôi'r merched yn ôl i roi'r pwythau olaf yn eu gwaith perffaith. Bu raid i'r rhan fwyaf o'r merched fynd mewn parau i'r tŷ bach ar ôl ei gilydd i gyflawni'r weithred ofnadwy o dwyllodrus ar ôl ymarfer y cyfan am wythnosau cyn diwrnod yr arholiad. Bu'r holl gyn-llwynio'n ddigon i achosi i rai o'r merched fynd yn sâl ac i gyfogi fore'r arholiad gan gymaint oedd eu hofn yr âi rhyw-beth o'i le ac y caent eu dal yn cyflawni twyll. Tybed a oedd yn werth yr holl ymdrech? Hefyd mae'n anodd iawn gennyf gredu nad oedd yr arholwraig yn gweld trwy'r cynllwyn. Sut gallai dosbarth cyfan o ferched ifainc gyflwyno gwaith o'r fath safon? Sut y gallent ymdopi â'r holl actio heb dynnu sylw atynt eu hunain? Mae bron yn amhosibl credu'r stori, ond mae'n hollol wir gan fod fy mam yn un o'r rhai a gymerodd ran yn y saga.

Nid yw'r natur ddynol yn newid rhyw lawer ac roedd digon o gasineb rhwng merched ysgol y dyddiau hynny fel heddiw. Pan oedd fy mam yn yr ysgol roedd y ddwy ferch hynaf yno yn elynion pennaf, a rhannwyd holl ferched yr ysgol yn ddwy garfan yn ôl eu teyrngarwch i'r naill neu'r llall. Bu Mam mewn cyfyng-gyngor wrth geisio penderfynu p'un ohonynt y dylai ei chefnogi, oherwydd cerddai adref yr un ffordd ag un ohonynt, a oedd yn byw nid nepell i ffwrdd, ond roedd yn perthyn trwy waed i'r llall. Ar ddiwedd y dydd bu gormod o ofn ar Mam i beidio dilyn ei chymdoges, er yn groes i'w dymuniad, a pharodd hyn dipyn o anhapusrwydd iddi. Bu'r sefyllfa gynddrwg nes i ryfel bron dorri allan, ac roedd yn beth eithaf cyffredin i weld y merched hynaf yn ymladd â'i gilydd. Trigai'r ddwy fwli ar ffermydd, ac roedd un o'r teuluoedd yn rhentu ynys fechan yn agos i'r tir mawr. Doedd fawr o dyfiant arni ac felly nid oedd y defaid a borai arni'n dangos llawer o welliant yn eu cyflwr. Dyma gyfle da i'r ferch arall weiddi, 'Ha, Ha, defaid bach hanner coronau' – arian bach hyd yn oed yn y dyddiau hynny. Nid yw'n syndod fod rhai plant yn dangos natur gasach na'i gilydd, a chredai un athrawes fod hyn yn rhedeg mewn teuluoedd. Roedd yn weddol hawdd profi'r theori yma gan fod nifer mawr o blant mewn un teulu, ac yr oedd yn bosib gwneud cymariaethau gweddol ystyrlon.

Un ffordd o fod yn boblogaidd ymysg y disgyblion eraill oedd drwy berchen cylch ac amlygu'r ddawn o'i gadw i fynd am hydoedd, gyda chymorth ffon. Gan Lefi Morris oedd y cylch gorau, a phawb yn genfigennus ohono, ac yr oedd yn ffafr arbennig i unrhyw un o'r plant gael cynnig i weld pa mor llwyddiannus y byddai wrth geisio meistroli'r gamp. Gwisgai Lefi Morris facyn coch am ei wddf, ac os oedd rhai o'r plant yn teimlo'n flin wrtho am na chawsent dro ar y cylch, byddent yn gweiddi:

Lefi Morris Toris
Macyn Sarah Finch.

Gwawdiai'r plant ef drwy awgrymu mai Sarah Finch y forwyn oedd berchen y macyn coch. Cyfeiria 'Toris' at y ffaith mai dyna'r blaid wleidyddol yr oedd ei deulu'n ei chefnogi.

Cafodd fy modryb Nell ei bendithio â gwallt cyrliog a phan gychwynnodd yn yr ysgol galwodd rhywun hi'n 'Curly', ac o hynny ymlaen gwrthodai dynnu ei chap pan fyddai yn yr ysgol. Aeth hyn ymlaen am beth amser, er i'r athrawon geisio nifer o ffyrdd i'w chosbi. Cadwent hi yn y cyntedd am amser hir – cosb bur lem, dybiwn i, i ferch fach bum mlwydd oed. Methodd pawb â thynnu'r cap, bu raid rhoi'r gorau i'r ymdrech a gadael iddi benderfynu ei hunan pryd y dôi'r amser i blygu. Roedd yn berson cymen iawn, ac y mae gennyf yn fy meddiant gwningen fach fetel a seliwloid, a thâp mesur y tu mewn iddi yn dod allan gyda throad y cwt, sef anrheg a gafodd Anti Nell yn yr ysgol am waith trefnus ac am edrych yn lân a thwt bob amser. Person hollol wahanol oedd fy mam a allai fod yn anniben yr olwg ar adegau, ond roedd hithau wedi ei breintio â gallu arbennig. Mae gennyf nifer mawr o lyfrau a gafodd yn anrheg am waith ardderchog, ac un arbennig a gafodd gan Arolygwr Ysgolion ei Mawrhydi.

Yn ystod yr haf gwnaed yn siŵr fod y plant yn cael un diwrnod yn ystod y tywydd twym i fynd i'r traeth, naill ai ar ddiwedd Gorffennaf neu ddechrau Awst. Gallai hwn fod 'y Dydd Iau Mawr', a oedd bron yn ddydd o wyliau cyffredinol yn yr ardal, yn enwedig yng nghymuned y ffermwyr, pan fyddent oll yn disgyn ar bentref Aber-porth am y dydd. Arferid cau'r ysgol pan gynhelid preimwn ym mis Chwefror, ac arhos-ai'r plant gartref heb ganiatâd pan oedd arwerthiant neu gyrddau pregethu yn yr ardal.

I ddilyn y bardd-brifathro Mr William Roberts yn 1900, daeth Mr Garfield Lloyd, a arhosodd am dros ddeng mlynedd ar hugain. Dyn hollol wahanol oedd hwn, yn hanu o dde Cymru, yn athro trwyddedig, ac yn ymddwyn yn bur debyg i Robin y Sowldiwr yn nyddiau Rhys Lewis. Roedd yn ŵr amryddawn, a etholwyd yn gynghorydd, arweinydd côr, a chodwr canu yn yr eglwys. Hefyd roedd yn arddwr brwdfrydig, yn fedrus gyda'i wn, a chynorthwyai'r bobl leol i ysgrifennu eu llythyron a llunio'u hewyllysiau.

Arferai côr yr ysgol deithio ar hyd a lled y sir i gystadlu gan ennill gwobrau ym mhob man. Byddai ymarfer côr yn ystod yr awr ginio, ar ôl ysgol ac ar y Sul os oedd angen. Os ennill fyddai hanes y côr y noson cynt byddai popeth yn dda, ond os colli a wnâi nid oedd yn rhy ddiogel i fynd i'r ysgol drannoeth. Hoffai'r prifathro ei ddiod ac yr oedd ei ymddygiad â'r gansen yn adlewyrchu'r hyn yr oedd wedi ei yfed y noson cynt. Roedd ei wraig, a oedd yn athrawes yn yr ysgol, yn dioddef lawn cymaint â'r plant oherwydd ei dymer ddrwg. Dyn cas ydoedd, ond roedd hi'n gasach fyth. Honnwyd bod bachgen wedi dioddef o ddiffyg clyw drwy gydol ei oes oherwydd i Mrs Lloyd fwrw'i ben yn gyson yn erbyn y pared. Pan welid Mr Lloyd yn y bore'n gwisgo trowsus du a striben ac esgidiau ochrau lastig, byddai gwên ar wyneb pawb, oherwydd cymerid yn ganiataol fod Syr yn mynd i angladd yn yr ardal, fel rhan o'i ddyletswydd fel cynghorydd, fel warden yr eglwys neu fel rhiant. Nodid yn y llyfr cofnodion yn fynych fod y prifathro'n absennol 'at the funeral of a dear friend'. Symbylodd hyn un aelod o'r rheolwyr i ddweud wrtho ei fod yn ddyn hynod lwcus gan fod ganddo fwy o ffrindiau na neb arall yr oedd yn ei adnabod!

Un o ddisgyblion cyntaf Garfield Lloyd yn ysgol Blaen-y-groes oedd Dora Anne Thomas. Roedd ganddi gysylltiad teuluol â ni a byddai'n galw ym Mharcderyn yn fynych. Cefais

19

ganddi dros y blynyddoedd lu o hanesion am ei chyfnod yn yr ysgol fel disgybl, ac yn ddiweddarach fel athrawes, er tra oedd yn yr ysgol câi gansen ar draws cymalau'i bysedd am ysgrifen wael. Roedd llwyth o waith cartref i'w wneud bob amser, ac ar ôl gweddi olaf y prynhawn safai Syr rhwng y ddau ddrws, un yn agor i gyntedd y merched a'r llall i un y bechgyn, a bygwth y plant pe na baent yn gwneud eu gwaith cartref y byddai cosb yn dilyn – 'I am giving you a warning tonight, tomorrow it will be a warming.' Gwyddai pawb o brofiad chwerw mai'r gansen fyddai'n gwneud y twymo.

Arferai Dora Anne adrodd gryn dipyn yn blentyn. Unwaith adroddodd ddarn o farddoniaeth Saesneg a ddysgodd yn yr ysgol, a hynny yng nghyngerdd ei chapel lle'r oedd popeth yn digwydd trwy gyfrwng y Gymraeg. Dywedodd y gweinidog ar ôl iddi orffen, 'Dyma ferch fach Saesneg o Flaen-y-groes.' Pwdodd Dora Anne fach gan lefain y glaw am oriau. Methwyd cael allan ohoni pam yr oedd hi'n torri'i chalon gymaint. Yn y diwedd cyfaddefodd ei bod yn credu mai plant amddifad oedd Saeson i gyd, fel y bechgyn amddifad a yrrid o'r cartrefi plant i weithio ar y ffermydd lleol ar ôl gadael yr ysgol. Roedd meddwl bod ei gweinidog ei hun yn cyfeirio ati fel un o'r rhain yn ormod iddi. Cafodd ei thad berswâd arni yn y diwedd i sychu'i dagrau drwy addo y câi wersi adrodd yn Gymraeg gan arbenigwr. Ar ôl hyn enillodd nifer o wobrau, yn cynnwys cwpanau arian, medalau a bagiau gwobr wedi eu gwneud yn arbennig i ddal y gwobrau ariannol. Byddai Dora Anne yn cael mynd i eisteddfodau ar draws y wlad gyda chymydog o ffermwr yn ei drap a phoni. Roedd y ffermwr, Dai Llan-las, a'i ddwy chwaer, Marged a Jane, ynghyd ag un person arall, yn cystadlu ar ganu pedwarawd. Wrth gwrs rhaid cael pedwar i ganu pedwarawd ac ar un adeg fy wncwl Jim oedd y pedwerydd canwr. Meddai ar lais tenor hyfryd, a chanodd lawer yn America wedi gadael yr hen wlad. Wedi iddi dyfu i fyny bu ei ferch Mildred yn cyfeilio iddo, ac yn cyfeilio hefyd i gôr o dair mil yn Chicago. Cyn iddo farw yn ei wythdegau anfonodd Wncwl Jim am gopi o'i hoff solo, 'Yr Hen Gerddor', oherwydd teimlai chwant rhoi tonc yn Gymraeg cyn ffarwelio.

Ni wnâi rhai rhieni lawer o ymdrech i annog eu plant i fanteisio ar addysg. Unig ddewis llawer ohonynt oedd i'r plant weithio ac ennill arian cyn gynted â phosib er mwyn helpu'r sefyllfa ariannol yn y cartref. Tybed a oedd hyn yn deg? Amddifadwyd nifer o blant talentog o ddyfodol llewyrchus oherwydd agwedd eu rhieni. Ar y llaw arall yr oedd rhai rhieni'n barod i aberthu'r cyfan i roi gwell cyfle i'w plant nag a gawsant hwy. Pasiodd rhai arholiad ysgoloriaeth i fynd i'r ysgol ramadeg yn Aberteifi. Llwyddodd pedwar allan o bump o blant un teulu arbennig i ennill ysgoloriaethau, gyda thri ohonynt ar ben rhestr y sir. Roedd dau arholiad – ysgoloriaeth i'r rhai o dan dair ar ddeg, a Teacher's Candidate i'r rhai o dan bedair ar ddeg. Rhoddid tri lle rhad yn yr ysgol i bob ardal. Câi pob un a basiodd arholiad y Teacher's Candidate £30 y flwyddyn, ond byddai'n rhaid talu'r arian yn ôl pe gadawent yr ysgol heb orffen y cwrs. Disgwylid i'r ymgeiswyr hyn, ar ôl llwyddo yn yr arholiad, ddysgu am flwyddyn, hyd yn oed os oeddynt yn bwriadu mynd i faes arall, megis milfeddygaeth, gan iddynt arwyddo i wneud hynny wrth dderbyn yr arian a chael eu haddysg am ddim. Rhaid oedd i'r disgyblion dalu am lyfrau a hefyd am lety gan nad oedd trafnidiaeth gyhoeddus ar gael. Doedd gan blant y wlad ddim dewis ond aros yn y dref am bedair noswaith yr wythnos.

Dwy ferch oedd gan Garfield Lloyd, sef Harriet a Winnie.

Dysgai Winnie yn yr ysgol, yn ddi-dâl, yn y gobaith y gallai gael y swydd pan ymddeolai ei mam, ond ofer fu'r ymgais. Ni lwyddodd Harriet yn yr un o'r arholiadau ac felly bu raid iddi dalu am ei haddysg yn yr ysgol uwchradd. Cyn iddi ddechrau yn yr ysgol newydd cafodd wersi mewn Lladin, Algebra a Geometry, gan un o athrawesau Ysgol Blaen-y-groes yn ystod yr awr ginio. Dechreuodd Dora Anne Thomas yn yr ysgol ramadeg yn nosbarth tri a Harriet Lloyd yn nosbarth pump gan ei bod dair blynedd yn hŷn, ond cafodd y gwaith yn rhy anodd a methodd y Dystysgrif Hŷn.

Yng nghyfnod Dora Anne, roedd tua 250 o ddisgyblion yn yr ysgol ramadeg, mewn dosbarthiadau o ddeg ar hugain yr un, a rhyw 10 yn aros hyd at ddosbarth chwech. Safent y Dystysgrif Hŷn ar ôl y bumed flwyddyn a'r Dystysgrif Uwch ar ôl y chweched flwyddyn. Dr Silyn Morris oedd y prifathro, gŵr bonheddig a gâi ei barchu cymaint gan y plant fel nad oedd angen iddo ddefnyddio gwialen.

Adroddodd cymdoges i mi stori am yr hyn a ddigwyddodd iddi pan oedd yn yr ysgol. Cafodd Annie May ei chyhuddo gan un athro o gyflwyno gwaith anonest, er nad oedd hynny'n wir. Ni wyddai hi beth i'w wneud yn ei gylch a theimlai'n flin iawn. Arferai aros yn y dref yn ystod yr wythnos, felly ni allai ymgynghori â'i rhieni. Yn y diwedd penderfynodd fynd i weld y prifathro, a chan nad oedd am i neb ei gweld, aeth i'w dŷ. Mae'n debyg iddi gerdded yn ôl ac ymlaen o flaen ei dŷ am gyfnod a deimlai fel oriau diddiwedd, cyn iddi fagu digon o hyder i gnocio ar y drws. Roedd ef yn llawn cydymdeimlad; credodd ei stori ac addawodd siarad â'r athro euog. Daeth Mrs Morris â chwpanaid o de a chacen iddi. Caed yr argraff fod Dr Morris yn falch o weld merch fach ifanc â digon o ffydd ynddo i gredu y gwrandawai ar ei stori a chredu ei bod yn dweud y gwir.

Yn y cyfarfod boreol a gynhelid yn y neuadd eisteddai'r bechgyn a'r merched mewn rhesi, a phawb yn siarad am yr uchaf hyd nes y clywent sŵn traed y prifathro a'i ddirprwy yn cerdded i lawr y coridor. Roedd yna dawelu ar unwaith, ac erbyn iddynt gyrraedd gellid clywed pìn yn disgyn. Yn y dyddiau hynny roedd plant yn parchu pobl hŷn, yn enwedig y bobl broffesiynol y byddent yn eu cwrdd. Cyfarchent feddygon, athrawon, offeiriaid a gweinidogion eglwysi â 'Bore da, syr', ac yr oedd tipyn o ofn y plismon arnynt.

Dysgid y Gymraeg yn yr ysgol trwy gyfrwng y Saesneg. Câi meibion ffermydd gyfle i siarad Saesneg yn feunyddiol â'r bechgyn o weision a ddaethai o gartrefi plant amddifad yn Lloegr i weithio ar ffermydd eu rhieni, a bu hyn yn hwb mawr iddynt gyda'r iaith.

Ar ôl gorffen ei chwrs yn yr ysgol ramadeg dychwelodd Dora Anne Thomas i ddysgu yn ei hen ysgol. Deallodd yn gloi iawn fod angen talentau arbennig i wneud athro da. Roedd medru tynnu lluniau a meddu ar ddawn i adrodd rhigymau syml a doniol i ddiddori'r plant yn gymorth mawr. Cofia un o'r penillion a adroddai i'r plant lleiaf:

> Five little pussy cats invited out to tea,
>   Cried 'Mother let us go, for good we'll surely be,
> Spoons in right, cups in left, we'll remember
>   To make a pretty bow, and never make a row.'

Yn 1926, cyflwynid y Gymraeg i ddosbarth y plant iau yn unig. Dysgent Ddaearyddiaeth yn gynnar iawn a chael eu gorfodi i ddysgu diffiniadau fel 'Confluence is the junction of two rivers', a 'A peninsula is a piece of land jutting out to sea'. Ni allai'r trueiniaid bach ynganu'r geiriau heb sôn am ddeall eu hystyr. Ond o'r diwedd daeth Deddf 1926 a newid hyn oll.

Golygai hynny amryw o broblemau i Garfield Lloyd oher-
wydd ni allai ysgrifennu na sillafu geiriau yn Gymraeg, ac
roedd ei wraig bron cynddrwg.

Tua'r adeg hyn, symudwyd Miss Thomas o ddysgu plant iau
i ddysgu'r ail ddosbarth, a golygai hynny rannu ystafell gyda'r
prifathro. Roedd hi eisoes wedi bod yn torri'r rheolau heb yn
wybod i Mr Lloyd drwy egluro'r gwaith i'r plant yn eu mam-
iaith. Credai mai gwastraff amser oedd defnyddio iaith a oedd
yn estron i'r rhan fwyaf ohonynt.

Disgwylid iddi yn awr ddysgu Hanes, Daearyddiaeth,
Gramadeg, Saesneg a Rhifyddeg. Yr oedd yr amserlen ar gyfer
Daearyddiaeth yn cynnwys dysgu am Gymru yn ystod y
tymor cyntaf a Lloegr yn ystod yr ail dymor, gan ailadrodd
gwaith y ddau dymor yn ystod y trydydd. Anodd iawn oedd
dysgu dau ddosbarth gyda dau athro yn yr un ystafell, felly
rhaid oedd trefnu'r gwersi'n fanwl er mwyn cydweithio. Yn yr
haf yr oedd yn haws i blant un o'r ddau ddosbarth gael eu
dysgu yn y cyntedd neu yn yr iard oherwydd rhoddai hyn
gyfle i'r dosbarth arall wneud gwaith llafar.

Byddai'r ysgol yn cael canmoliaeth bob amser am ei chan-
lyniadau mewn gramadeg Saesneg, a dysgai'r plant ffurfiau
unigol a lluosog geiriau byth a beunydd. Caent brawf sillafu,
darllenawd a 'mental' bob dydd. Credai Mr Lloyd yn gryf
mewn dysgu'r 'Three R's'. Rhaid oedd i'r plant ddal eu pinnau
ysgrifennu mewn ffordd arbennig, â phedwar bys, ac ni fentrai
neb ddefnyddio dim heblaw nib E.J. Arnold. Os mentrent
ddefnyddio un Jay neu Relief, a oedd hefyd ar gael ar y pryd,
yna'r gansen fyddai'r canlyniad. Y wers gyntaf bob dydd
Mercher oedd Ysgrifennu, sef copïo gwaith a oedd wedi ei
ysgrifennu ar y bwrdd du i mewn i'w lyfrau, a hynny bedair
gwaith. Mae'r llyfrau copïo a ddefnyddiwyd y pryd hwnnw ar

24

gael mewn rhai ysgolion o hyd; ynddynt ceir nifer o linellau ar draws y tudalennau mewn grwpiau o bedair llinell, y ddwy y tu allan yn las a'r ddwy y tu mewn yn goch. Cyfyngid yr ysgrifen i ffitio i'r llinellau hyn.

Dysgid gwers Gymraeg ddwywaith neu dair yr wythnos. Byddai Dora Anne Thomas yn darllen stori neu'n esbonio rhyw stori hanesyddol i'r dosbarth, yna dôi'r plant allan yn eu tro i adrodd eu fersiwn hwy o'r hyn a glywsant, yn eu tafod-iaith eu hunain. Cyflwynid hwy i ysgrifennu yn Gymraeg yn raddol, yn gyntaf trwy ysgrifennu Gweddi'r Arglwydd. Ceid arholiadau ar ddiwedd bob tymor ac yr oedd yr athrawes yn fwy ofnus o'r canlyniadau na'r plant, oherwydd gallai'r prif-athro roi adroddiad gwael amdani pe na bai'r gwaith yn cyrraedd y safon. Yn ôl yr hyn a glywais gan gyn-ddisgyblion Miss Thomas, fyddai hyn byth yn digwydd i'w dosbarth hi. Rhoddai wersi ychwanegol yn ei chartref ar ôl ysgol i unrhyw blentyn a fyddai'n dymuno eu cael. Teimlai gymaint o drueni dros y plant gan fod Garfield Lloyd mor gas wrthynt. Yr oedd dealltwriaeth rhyngddi a'r plant y byddent yn cerdded i'w chartref ar draws y caeau rhag ofn iddynt gwrdd â'r prifathro ar hyd yr heol fawr.

Roedd y plant bob amser yn foesgar a byth yn ateb yn ôl, ac ar wahân i un neu ddau eithriad, roeddynt yn ufudd iawn. Pan fyddent yn mynd allan i'r chwarae cyntaf dywedent 'Good morning, sir', ac yn y prynhawn, 'Good afternoon, sir', a dang-osent gwrteisi i'r gwragedd a oedd yn eu dysgu hefyd.

Gan mai ysgol eglwysig oedd ysgol y pentref, rhaid oedd wrth wers Ysgrythur bob dydd, o naw i ddeg o'r gloch. Miss Thomas fyddai'n dysgu'r wers gan fod gas gan y prifathro'r testun. Y gwir oedd mai Annibynnwr oedd Garfield Lloyd yn wreiddiol, ond iddo gael ei gonffyrmio er mwyn derbyn

swydd fel prifathro ysgol eglwysig. Roedd maes llafur gwersi
Ysgrythur yn cynnwys astudio'r Catecism, y Credo a'r Colect,
chwe gwyrth, chwe dameg, chwe salm a Gweddi'r Arglwydd.
Dysgid y testun hwn bob dydd o fis Medi hyd Chwefror, pan
ymwelai'r arolygwr â'r ysgol. Yr unig fantais i'r plant oedd y
caent hanner diwrnod o wyliau ar ôl yr arholiad a gynhelid yn
y bore. Roedd rhan o'r arholiad yn ysgrifenedig a rhan ar lafar,
gyda'r plant hynaf yn ysgrifennu salm o'u cof, a phlant dos-
barth Miss Thomas Weddi'r Arglwydd o'u cof. Ar adegau, yn
dibynnu ar yr arholwr a oedd bob amser yn offeiriad, caent
gyfle i gyflwyno'r gwaith yn Gymraeg. Ceid tystysgrif ar ôl
pasio'r arholiad; y *Junior* i'r plant lleiaf a'r *Bishop* i'r rhai hŷn.
Adroddid gweddïau ddwywaith y dydd:

MORNING PRAYER

Almighty God, I beseech thee to hear my morning
    prayer.
For the sake of Jesus Christ,
I humbly thank thee for keeping me safe during the past
    night.
Defend me this day from all sin and harm,
Make me dutiful and obedient to my parents and
    teachers,
And kind and gentle to my companions.
Help me to remember that thou seest me at all times.
Make me honest in all I do and true in all I say.
May the Holy Spirit lead me in the way that I should go,
And help me to grow better every day, AMEN.

AFTERNOON PRAYER

Oh, great and heavenly Father, teach me how to pray.
Make me sorry for my faults, affecting me all the time.

Give me grace to become grateful for all thy mercies,
For my health, food and clothing.
Keep me from sin and danger and give me quiet, rest and
sleep.
Bless my father and mother, brothers and sisters,
And take us all into thy holy keeping this night.
For the sake of Jesus Christ. AMEN.

Sylwid bob amser fod plant o'r ysgol eglwysig a fynychai ysgol
Sul Anghydffurfiol hewl ymlaen ar blant ysgol y cyngor, cyn
belled ag oedd gwybodaeth ysgrythurol yn y cwestiwn. Wrth
gwrs, rhaid oedd i'r plant hynny a gâi eu hyfforddi drwy gyfrwng
y Saesneg gyfieithu atebion yn eu pennau yn bur gloi i ateb yn
Gymraeg, gan fod y capeli ond yn defnyddio'r Gymraeg. Dyna
beth oedd ymarfer da tuag at fod yn ddwyieithog.

Adeiladwyd ysgolion gan y cyngor ond ni ddysgent yr un
faint o Ysgrythur â'r ysgolion eglwysig. Teimlwn yn anfodlon
iawn am hyn ar y pryd, ond erbyn heddiw rwyf yn falch iawn
o fod wedi dysgu cymaint o'r Beibl ar fy nghof. Astudiodd
Dora Anne Thomas y Gymraeg fel pwnc yn yr ysgol ramadeg,
ond teimlai'n ansicr o hyd ynghylch ysgrifennu yn yr iaith, ac
y mae'n sigledig gyda'i sillafu. Dywedodd wrthyf fel y sylwa y
dyddiau hyn ar y camgymeriadau gan y Cymry yn y golofn *In
Memoriam* yn y papur lleol. Bu farw ffrind annwyl i ni fel teu-
lu'n ddiweddar yn ei nawdegau. Un o'r Saeson a ddysgodd
Gymraeg ar ôl dod i weithio ar un o'r ffermydd cyfagos oedd
ei gŵr. Er na ddaeth Mari Ann yn gwbl rugl yn y Saesneg,
ysgrifennai drwy gyfrwng yr iaith a hynny'n eithaf cywir.
Cefais ganddi dystysgrif a dderbyniasai gan reolwyr yr ysgol
am fod yn bresennol 353 o weithiau allan o'r 418 o hanner-
dyddiau y bu'r ysgol ar agor yn ystod y flwyddyn 1905.

Gelwid y dystysgrif yn Certificate of Merit for Good Attendance.

Ychydig o addysg Gymraeg a dderbyniai'r plant a arhosai yn yr ysgol leol hyd bedair ar ddeg oed. Gadewid y gwaith bron yn gyfan gwbl i'r ysgolion Sul. Gwelir yn amlwg o hyd fod y genhedlaeth hon nad yw'n rhugl yn y Saesneg yn dewis ysgrifennu yn yr iaith honno, fel yn achos ein ffrind Mari Ann. Ni ddysgai'r plant fawr am hanes lleol, ond digonedd am Harri VIII a William y Concwerwr. Ni soniwyd ddim am safle'r castell mot a beili Normanaidd sydd yn yr ardal. Yr unig stori â blas Cymreig iddi y clywodd Dora Anne Thomas y prif-athro'n ei darllen i'r plant oedd hanes Llywelyn a'i gi Gelert.

Y gwŷr bonheddig lleol oedd rheolwyr yr ysgol, aelodau o'r eglwys leol, ynghyd â'r ficer, fel arfer. Ymwelai un ohonynt â'r ysgol yn annisgwyl ryw unwaith y mis, i sicrhau fod y rhif cywir yn y gofrestr. Câi'r plant wahoddiad bob blwyddyn i gartref un o'r bobl hyn yn ei dro, i gael te a chwaraeon. Y diwrnod canlynol rhaid oedd ysgrifennu traethawd ar y testun 'How I enjoyed myself at the Mansion' a chynigid gwobr am y gorau. Cyn y dydd mawr rhaid oedd paratoi yn yr ysgol trwy ymarfer y mabolgampau a hefyd dysgu sut oedd ymddwyn wrth y ford fwyta. Er hyn oll anghofiodd un ferch ei moesau'n llwyr, a phan oedd gwraig y tŷ yn arllwys te iddi, gwaeddodd Sarah Anne ar dop ei llais, 'Wo! Wo! Dyna ddigon'. Merch i fferm ydoedd a dyna'r geiriau a ddefnyddid i stopio'r ceffylau gartref ar ei fferm. Cyn ymadael ar ddiwedd prynhawn o fwynhad byddai'r plant yn canu'n hyfryd mewn côr.

Bob pythefnos ymwelai swyddog presenoldeb neu'r 'Whipper In' fel y'i gelwid ef, â'r ysgol, i dderbyn cyfarwydd-yd gan y prifathro ynghylch pwy fu'n absennol heb reswm digonol, a sut oedd orau i ddelio â'r sefyllfa. Credai'r swyddog, a oedd yn ŵr bonheddig yn ei ffordd, mewn denu yn hytrach na cheryddu, gyda'r canlyniad i Garfield Lloyd, a oedd yn geryddwr heb ei ail, ei alw'n 'wet blanket'.

Yr oedd absenoldeb yn gallu bod yn broblem, a hyd yn oed wedi cyrraedd yr ysgol roedd plant bob amser yn awyddus i osgoi gwaith. Pa mor aml bynnag y curai rhywun ar ddrws yr ysgol mewn diwrnod, gwaeddai'r plant yn eiddgar gyda'i gilydd bob tro, 'Sir, somebody at the door, sir', gan fawr obeithio y byddai yno berson a gadwai Mr Lloyd i siarad am amser hir, a'i adael mewn hwyliau da a graslon.

Yn y cyfnod hwn câi llawer o bobl anhawster i lanw ffurflenni, felly treuliai Mr Lloyd dipyn o amser yn y cyntedd yn helpu pobl o'r fath, er mawr ryddhad i'r disgyblion. Yr oedd yn arddwr brwdfrydig – neu efallai yn llawn brwdfrydedd i'r bechgyn hŷn drin yr ardd ar ei ran. Wrth gwrs, gwell oedd gan y bechgyn weithio allan yn yr awyr agored nag eistedd o flaen desg drwy'r dydd yn gwastraffu amser, ac o ganlyniad roedd gardd yr ysgol bob amser yn werth ei gweld. Ar brynhawn Mercher câi'r bechgyn arlunio gan y prifathro tra câi'r merched eu dysgu i wau gan Mrs Lloyd. Byddent yn adrodd wrth wau: 'Through the stitch, round the needle, pull it through, slip off.'

Cerdded i'r ysgol oedd y drefn yr adeg honno, a hynny gryn bellter yn fynych iawn. Gwisgai'r plant glocs, a gwisgai mwyafrif y merched ffrogiau, bratiau a sanau gwlân hir. Os gwlychent ar y ffordd i'r ysgol yna roedd digon o ddillad sbâr ar gael i newid iddynt tra sychai'r dillad gwlyb oddi amgylch y tân, a'r anwedd yn llenwi'r ystafell. Cariai'r plant eu te i'r ysgol mewn jwg, a chedwid y rhain yn dwym o flaen y tân. Deuent â brechdanau i'w bwyta gyda'r te i ginio.

Doedd dim toiledau modern yn yr ysgol, dim ond bwcedi

mewn adeilad cyntefig yng ngwaelod yr iard, fel oedd yn gyff-
redin mewn rhai ysgolion gwledig hyd yn gymharol ddiwedd-
ar. Roedd basnau golchi yn y cynteddau ond heb dapiau
ynddynt i droi'r dŵr ymlaen. Gorchuddid yr iard chwarae â
mwd. Byddai mwyafrif y plant yn dod i'r ysgol yn lân a chymen
yn y bore, y clocs yn sgleinio'n ddu, a bratiau'r merched, wedi
eu gwneud o hen sachau fflŵr, yn wyn fel y galchen. Nid yr un
plant oeddynt yn mynd adre; rhai yn fwd o'u corun i'w sawdl,
yn enwedig ar ôl cyfnod o law. Druan o'r mamau oedd â sawl
plentyn yn yr ysgol. Hefyd dylem estyn ein cydymdeimlad i
lanhäwraig yr ysgol, oherwydd disgwylid i bob peth fod fel pìn
mewn papur erbyn y bore. Tipyn o dasg, dybiwn i.

Dôi'r meddyg i'r ysgol unwaith y flwyddyn, ac roedd cania-
tâd i'r rhieni fod yn bresennol os dymunent. Yn ystod y
diwrnod cynt, arferid pwyso a mesur y plant gan y nyrs, ac er
iddynt i gyd gael annwyd a pheswch yn eu tro, ar y cyfan
roeddynt yn gryf ac iach. Serch hynny, mynnai rhai eu bod yn
sâl pan nad oeddynt wedi gwneud eu gwaith cartref ac yn ofni
wynebu'r athrawon. Wrth gwrs, dioddefai rhai teuluoedd o'r
dicléin a cheid nifer o farwolaethau o ganlyniad i'r clefyd
hwnnw. Byddai'r difftheria a'r dwymyn goch yn lladd hefyd.
Os digwyddai i un o blant yr ysgol farw, disgwylid i'r plant hŷn
i gyd fynd i'r angladd, hyd yn oed os golygai hynny gerdded
sawl milltir.

Chwaraeid llawer o gêmau yn yr ysgol. Un ohonynt oedd
'Dandis,' lle defnyddid cerrig bach llyfn o'r traeth, neu gregyn
malwod neu, gwell fyth, marblys. Y termau a ddefnyddid yn y
chwarae yma oedd 'uwd', 'copa pen bys', 'hala'r da', 'hala'r
defaid', 'golchi'r llestri', 'codi'r lludw', 'taflu'r golchion'. Fel
arfer, dau fyddai'n chwarae a hynny yn eistedd ar garreg y
drws. Mantais fawr y gêm oedd y gallai rhywun ei chwarae ar

ei ben ei hun, yn enwedig pan fyddai wedi pwdu wrth bawb a phopeth a heb gwmni. Roedd chwarae gyda pheli'n boblog-aidd iawn – eu taflu at y wal mewn gwahanol ffyrdd ac yna'u dal ar y ffordd yn ôl. Byddai'r plant tlawd yn cael eu mamau i wneud peli iddynt allan o edafedd, trwy ddatod hen sanau a dirwyn yr edafedd o amgylch corcyn potel. Rhaid oedd gofalu cadw'r peli yma'n sych, ond yn yr haf y chwaraeid y gêmau hyn, beth bynnag. Gêmau poblogaidd eraill oedd 'oranges and lemons', 'iâr a chywion', 'hela'r cadno' a saethu â chatapwlt.

Drwg a direidus fu plant erioed. Hongiai cloc ar y wal yn y rŵm mowr, y tu ôl i ddesgiau'r plant, ond ni fentrai'r un ohonynt droi'n ôl i edrych faint o'r gloch oedd hi. Ond pan fyddai Syr yn marcio llyfr un o'r disgyblion, byddai plentyn arall – un wedi ei benodi ymlaen llaw fel arfer – yn cael cipolwg cyflym. Yna defnyddiai arwyddion, ac wrth gwrs yr oedd pawb yn hyddysg yn yr iaith honno. Golygai ddefnyddio bysedd neu'r wyneb i gyfleu neges, yn dibynnu pa mor agos ydoedd at amser chwarae neu adeg mynd adref.

Er fod Garfield Lloyd yn medru codi ofn ar y plant, roedd gan rai o'r bechgyn hŷn ddigon o hunanhyder i'w dalu'n ôl am ei greulondeb. Y ffordd fwyaf effeithiol i gael y gorau arno oedd ymosod ar ei hoff ardd. Bu un bachgen, sef Jim Llain-wen, benben â'r prifathro er pan ddechreuodd Jim yr ysgol. Roedd coeden afalau wedi ei himpio yn yr ardd, ac un flwyddyn yr oedd cnwd arbennig o afalau arni. Teimlai Mr Lloyd yn falch iawn o'i goeden afalau, a dangosai hi i bob ymwelydd a ddôi ar gyfyl yr ysgol. Bygythiai'n feunyddiol am y gosb fyddai'n disgwyl unrhyw un a welid yn agos i'r fan a'r lle, ac yr oedd y plant yn ei adnabod yn ddigon da i ddeall nad bygwth yn ofer ydoedd. Fel arfer yn y bore, ar ôl marcio'r gofrestr a rhoi gwaith i'r dosbarth, âi Syr, a'i bapur dyddiol dan

ei gesail, i'r toiled yng ngwaelod yr ardd. Y diwrnod arbennig
hwn, wrth basio'r goeden enwog gwelodd fod 'hansh' wedi ei
gymryd o nifer o'r afalau. Doedd neb yn fodlon cyfaddef i'r
ddrwgweithred, ac er bod pawb yn gwybod pwy oedd yn
euog, nid oedd neb yn clapian yn y dyddiau hynny. Felly rhaid
oedd i'r bechgyn hŷn i gyd gael cosfa. Dro arall, penderfynodd
Jim ddefnyddio'r pâm wynwns yn doiled a dyfrhau'r shalóts.
Yn dilyn hyn rhoddodd Mr Lloyd araith ar sut y gallai gwyfyn
arbennig ddifa gwreiddiau wynwns ifainc a throi'r blagur yn
felyn. Mawr fu'r clodfori ar ôl i Jim ennill y dydd y tro
hwnnw.

Byddai'r goeden afalau surion bach a oedd yng ngwaelod
yr iard yn darged poblogaidd gan y plant drygionus. Daeth
crwt bach o'r enw Tom Jâms i'r ysgol un dydd gyda'r newydd
fod ganddo chwaer newydd ei geni, a'i bod yn salw iawn heb
yr un dant yn ei phen. Cyn gynted ag y daeth yn amser
chwarae gafaelodd ei ffrind Arthur − fu'n llawn syniadau
gwreiddiol ar hyd ei oes nes iddo farw yn ei wythdegau − yn
Tom a'i dynnu o'r neilltu a dweud, 'Rhaid gwneud rhywbeth
obeuti'r babi 'ma, ar unwaith.'

Meddyliodd yn ddwys a'i ddwy lygad yn pefrio. 'Ma' syn-
iad da fi − beth am wneud dannedd iddi?'

'Iawn, ond shwt, Arth?'

'Arhosa di, Tom, i ti gael gweld. Rwy'n mynd lan y goeden
fale surion bach i hôl un o'r fale.'

'Bydd yn ofalus, Arth, a beth os daw Syr?'

Edrychai Tom Jâms yn reit nerfus erbyn hyn, ond heb ateb
roedd Arthur yn dringo'r goeden fel mwnci a daeth lawr ag
afal gwyrdd braf yn ei law. Canodd y gloch cyn gynted ag y
cyrhaeddodd y llawr a rhaid oedd cuddio'r afal yn ei boced.
Treuliodd y ddau amser chwarae ar ôl cinio yn gwneud set o

ddannedd gyda help cyllell boced, ac yn eu tyb nhw roedd yr ymdrech yn gampwaith, a llond ceg o ddannedd gosod yn barod i'r fechan. Aeth Tom Jâms â'r dannedd adre a'u cwato oddi wrth ei fam, gan ddisgwyl cyfle i ffitio'r 'set' yng ngheg y babi. Pan feddyliodd fod ei fam yn ddigon pell dyma ymgymryd â'r driniaeth, ond sgrechodd Annie fach mor uchel nes i'w mam gyrraedd ar unwaith i weld beth allai fod o'i le. Anfonwyd Tom Jâms i'w wely gyda siars bendant nad oedd i fynd ar gyfyl yr un fach yn y dyfodol.

Un tro, a'r hen Garfield Lloyd wedi bod yn fwy o boen nag arfer, penderfynodd y bechgyn chwythu'r goeden afalau surion bach i ebargofiant. Roedd tad un o'r bechgyn yn gweithio mewn chwarel, felly llwyddodd i gael gafael ar bowdwr a ffiwsys a dod â nhw i'r ysgol a'u cwato y tu ôl i'r goeden. Gwnaethpwyd twll yn y goeden pan ddaeth cyfle, a rhoi'r ffrwydryn i mewn a'i danio. Trwy lwc nid oedd y defnydd iawn ganddynt na'r gallu arbennig i lwyddo gyda'u bwriad. Serch hynny, gwnaed digon o ddifrod i'r goeden i yrru'r prifathro'n gandryll, a bu bron iddo golli ei hunanreolaeth yn llwyr wrth grasu'r bechgyn y tybiai eu bod yn euog. Defnyddiodd gymaint o'i egni fel nad oedd modd iddo ddefnyddio'i fraich dde am gryn amser ar ôl hynny, a theimlai'r plant yn eithaf diogel yn ystod y cyfnod hwnnw.

Mynychai un o'r bechgyn drwg, Sam Tynewydd, y capel Annibynnol, ac yr oedd i adrodd mewn cwrdd plant yr adnod a welir yn efengyl Marc, pennod 1, adnod 6: 'Ac Ioan oedd wedi ei wisgo â blew camel, a gwregys croen ynghylch ei lwynau, ac yn bwyta locustiaid a mêl gwyllt.' Heriodd rhywun Sam i adrodd yr adnod drwy newid 'yn bwyta locustiaid' i 'yn bwyta Methodistiaid'. Cafodd gweinidog yr

Annibynwyr lawer o hwyl wrth glywed yr enwad arall yn dioddef ychydig o amarch, a chafodd Sam bishyn chwech ganddo, a phwy a ŵyr nad oedd hynny'n fwriad gan y crwt o'r dechrau!

Yn ychwanegol at ei hoffter o'i ardd, roedd Garfield Lloyd yn bur hoff o ferched. Pan ddechreuodd Dora Anne Thomas ganlyn y bachgen a ddaeth yn ŵr iddi maes o law, bu'r prif-athro'n eithaf cas wrthi, gan ddweud pethau gwawdlyd. Yr eglurhad amlycaf yw ei fod yn ofni colli athrawes dda. Tua'r un adeg, sylwodd hithau ei fod yn rhoi gwaith i'r plant a barai dipyn o amser, a hynny tua un o'r gloch. Byddai hefyd yn eu siarsio nad oeddynt i'w boeni na gofyn cwestiynau ar yr adeg yma. Digwyddai hyn rhyw dair gwaith yr wythnos. Ar y diwrnodau hyn treuliai'i amser yn wynebu'r ffordd fawr, yna gadawai'r ystafell a dychwelyd ar ôl tua chwarter awr. Dyfnhawyd yr amheuon ynglŷn â'i ymddygiad pan sylwodd rhai o'r pentrefwyr fod gwraig arbennig i'w gweld yn mynd i mewn i'r ysgol ar ôl canol dydd yn eithaf aml. Amheuid bod rhyw ddrygioni ar droed a meddyliodd Miss Thomas yn galed am gynllun i greu embaras iddo. Un prynhawn aeth Garfield Lloyd allan i'r cyntedd fel arfer a'i gadael hi ar ôl yn y dos-barth, ond y tro yma dyma hi hefyd yn gadael y dosbarth gan redeg allan drwy'r cyntedd a'i llaw dros ei cheg. Anelodd am y toiled gan smalio ei bod ar fin cyfogi. Gwelodd Mr Lloyd a'r wraig mewn sefyllfa bur amheus yn y cyntedd. Sibrydodd ymddiheuriad wrth redeg trwyddo a dychwelyd i'r dosbarth trwy'r cyntedd arall. Ac yntau'n sylweddoli ei bod yn gwybod am ei gamymddwyn, ni chlywodd yr un gwawd o enau'r prif-athro ar ôl hyn a chafodd amser eithaf cysurus yn yr ysgol hyd nes iddi adael i briodi.

Yn ogystal â hyn cymerodd Garfield Lloyd ffansi at wraig

fferm. Ymwelai â'r fferm ar y diwrnod y byddai'r gŵr yn y farchnad a'r plant yn yr ysgol. Daeth y ffermwr i wybod beth oedd yn mynd ymlaen ac, yn hytrach na chynddeiriogi, penderfynodd mai gwell fyddai elwa ar y sefyllfa. Meddyliodd pe gallai flacmelo'r prifathro, y câi arian i brynu fferm fwy o faint, ac yr oedd gwir angen un arnynt i fagu'r chwe phlentyn. Cytunodd y wraig â'r cynllun a threfnwyd iddi sicrhau ar ymweliad nesaf Mr Lloyd fod ei waled i syrthio i'r llawr, ac y byddai hi'n ei gwthio o'r golwg yn y gobaith y byddai'r hen Garfield yn ei hanghofio. Bu'r cynllun yn llwyddiant, ac aeth y gŵr yn ôl â'r waled gan esgus ei fod wedi gwylltio'n gacwn ac yn gofyn am ddim dimau llai na phump cant o bunnau, gan fygwth cyflwyno'r waled i reolwyr yr ysgol. Talwyd yr arian, a buan y gwelwyd y teulu'n symud o'r ardal i fferm fwy o faint ac yn mwynhau bywyd tipyn brasach na chynt.

Bu ymddeoliad y prifathro hwn yn ddiwedd cyfnod ym myd addysg yn y pentref ac ni welwyd ac ni welir byth mo'i debyg eto, a diolch i'r drefn am hynny.

Ysgrifennodd W.R. Evans, prifathro Ysgol Bwlch-y-groes gynt, 'Rwy'n dal i gredu, yn groes i farn llawer o'r awdurdodau addysgol, nad rhif sy'n gwneud ysgol ac mai camgymeriad fu cau llawer o'n hysgolion cefn gwlad. Mae ysgol wledig yn deulu cyfan ynddi'i hun, yn wir yn groesdoriad o gymdeithas gyfan. Mae'n ffordd o ddysgu byw gan roi a derbyn fel y bo'r galw, ac fel y bydd yn rhaid i'r plant i gyd i wneud ar ôl tyfu i fyny.' Ynganwyd y geiriau yna sawl blwyddyn yn ôl erbyn hyn. Ys gwn i ai'r un fyddai'r neges heddiw yng ngŵydd y newid syfrdanol a fu mewn bywyd gwledig yn ddiweddar?

Dyma ichi ddyfyniadau o lyfr cofnodion yr ysgol yn ystod teyrnasiad un prifathro rhwng 1900 a 1933.

Feb 23, 1900
Ben Davies Tŷ Gwyn warned the master not on any account to touch his son William.

Feb 2, 1903
John S. Parry called to repair the school clock and took Standard 1 for afternoon.

July 3, 1903
The Vicar gave the master 3 months notice on behalf of the managers, for leaving without permission and because of the rift that has arisen between him and Miss Jenkins.

July 16, 1903
Master absent attending funeral of a dear friend.

July 17, 1903
Attendance low. Children at the Nonconformist Festival. Register cancelled as it affects the yearly average and consequently our decrease in grant.

March 10, 1905
Attendance poor, being that Evan Roberts the Revivalist was at the Methodist Chapel. [Bu trwbwl mawr yn dilyn hyn, gyda llawer o'r plant yn cael y gansen, ac o ganlyniad symudodd nifer o rieni eu plant i ysgol arall.]

March 31, 1905
The Vicar relinquished his post. [Bu teimladau cas rhwng y prifathro a'r ficer gydol yr amser, ond yr oedd pethau'n waeth rhyngddo a gweinidogion Anghydffurfiol lleol, yn bennaf oherwydd ei hoffter o alcohol a thybaco.]

June 5, 1906
Whit Tuesday. Attendance poor. Children no doubt tired after yesterday's 'Pwnc' at the local Methodist chapel.

June 6, 1906
Master absent on important business.

Feb 1, 1907
None of the Tŷ Hen children in school today. Mary was in chapel yesterday and the others skating on the lake.

March 20, 1908
O.M. Edwards H.M.I. visited school. Complained that attendance officer was too soft.

Sept 12, 1908
Attendance good being that the children were photographed.

Feb 11, 1909
Sum allowed for books 3 shillings per head per annum.

Feb 12, 1909
Master absent at the funeral of a dear friend.

July 11, 1912
D. Jones and E. Jones were both employed yesterday at the hay by two school managers.

July 15, 1914
Wrote to Dr Powell that he grants Certificates to pupils who are running about at night.

Sept 8, 1914
The time table is changed each morning to give the children the progress of the war.

Nov 2, 1914
Master in town to see one of the local lads off to join the Army.

Aug 7, 1915
One of the managers has presented a beehive and has promised a swarm when it rises so that the children may be taught beekeeping.

Feb 14, 1916
The managers insist that the master be directed not on any account to be absent himself from school duties without the consent of the Governors.

March 6, 1916
Acting on Board of Education instruction, the first lesson in secular instruction on the first Monday of each month will be on Patriotism.

June 7, 1916
H. Lloyd has been acting as assistant without salary since February. [Ei ferch oedd hon, yn helpu'r fam a oedd yn aelod o'r staff, a hynny'n ddi-dâl.]

June 8, 1916
Miss Parry Lewis, Chairman of the Governors, is anxious to bring a charge against the master for knocking J. Bowen about the ears. It is a fact that he has for years complained about pain in the ears.

June 22, 1917
Master absent, having been asked by the County Agricultural Committee to obtain returns for potatoes and cereals sown in 1917.

Oct 1, 1917
New Council School opened. Their Method of recruiting pupils is not creditable.

Feb 2, 1918
Master has heard that the lad he saw off to war in 1914 has been killed in action in Mesopotamia.

April 1, 1918
Syllabus for 1918-1919. History – Hanoverian period. Physical and Political Geography of Canada. English. Arithmetic. Gardening. Music and Drill.

Sept 10, 1918
D.A. Thomas, an old pupil, passed C.W.B. David Evans awarded O.B.E. for War service. Master absent attending funeral of an old friend.

Oct 6, 1918
Several girls had the stick today.

Nov 28, 1918
Attendance Officer is too lenient with absenteeism, accepting all kind of excuses.

July 31, 1923
Aberporth Eisteddfod. Holiday. The school choir having developed sufficiently to compete.

July 22, 1924
D.J. Jones absent today. Last night he was taking the Tonic Solfa Exam at the chapel.

Sept 23, 1924
4 boys stole apples. No use going to Seiat and learning the 8th Commandment at school.

April 2, 1926
School choir won at Haverfordwest

June 14, 1926
Choir won at Goginan. Test piece ''Nôl i'r wlad'.

June 23, 1926
Choir won at Llanrhystud. Test piece 'Shepherd's dance'.

June 24, 1926
County Singing Festival at Aberystwyth. School is entitled to several days holiday for good attendance.

July 23, 1926
Master unable to grant leave of absence to Miss Thomas to attend a course at Aberystwyth next week owing to school choir competing at Aberporth.

June 29, 1927
Master viewed the total eclipse of the sun at 6 a.m. and explained to pupils.

June 30, 1927
W.J. Jones 6th out of 6 in the County scholarship, 11 places awarded.

July 26, 1929
Miss Parry Lewis presented illuminating address recording the success of the school choir.

April 1, 1930
Welsh to be included in the Time Table. Reading Book, 'Cwrs y Lli'.

June 16, 1930
Teachers ordered pupils to ring the first bell before they arrive. This is contrary to master's instruction and custom for 30 years.

Oct 17, 1930
Told assistant that slates should be washed after school. She replied that school closed at 4 pm.

Oct 24, 1933
Vicar signed Log Book. No action taken against children who absent themselves continuously.

Nov 2, 1933
Master sent notice of resignation to Vicar.

Nov 12, 1933
Mr Owen, Schools Inspector, called and spoke highly of the master.

Dec 12, 1933
Headmaster resigned this day. School dismissed at 3.30 pm after receiving sweets from him.

෴

III

GWEINIDOGION, BLAENORIAID A THROSEDDWYR

Cudd fy meiau rhag y werin,
  Cudd hwy rhag cyfiawnder ne',
Cofia'r gwaed un waith a gollwyd
  Ar y groesbren yn fy lle;
Yn y dyfnder
  Cudd y cyfan oll o'm bai.

William Williams, Pantycelyn

AR ddechrau'r ganrif a chyn hynny roedd yr eglwys yn rhan anhepgor o fywyd y pentref. Ysgol eglwysig oedd ysgol pentref Blaen-y-groes, felly derbynnid llawer iawn o addysg grefyddol yno, a'r rhan fwyaf ohoni trwy gyfrwng y Saesneg. Methodistiaid oedd fy nheulu i, ac fel holl aelodau eraill capel Seion, yn dra ffyddlon iddo, ac yn mynychu'r holl oedfaon ar y Sul ac yn ystod yr wythnos. Clywir yn fynych heddiw nifer o bobl enwog yn priodoli eu llwyddiant i'r cyfleusterau a gawsant yn y capel tra oeddynt yn ifanc. Byddai'r plant yn tyrru i'r ysgolion Sul a'r Band of Hope yn ystod yr wythnos, a chaent hyfforddiant i gymryd rhan mewn cyngherddau a Penny Readings, a oedd yn debyg i eisteddfodau ar raddfa lai ac yn gystadleuol iawn eu natur. Digwyddai hyn oll trwy gyfrwng y Gymraeg, felly tra dysgai'r ysgolion a'r eglwysi trwy gyfrwng y Saesneg, yr oedd y capeli'n fodd i gynnal y Gymraeg.

Cynhelid cyrddau gweddi yn wythnosol yn y capel ac yr

oedd yn syndod mawr sut oedd pobl gwbl anllythrennog yn gweddïo gyda'r fath arddeliad, y cyfan fel petai'n dod yn syth o'r galon. Roedd un aelod, garddwr yn y plas cyfagos a adwaenid fel 'Gardner bach y Plas', yn grefyddwr i'r carn ac yn ei elfen mewn cwrdd gweddi. Ymddangosai yn ei ddillad gwaith gan weddïo ar ei Arglwydd yn ei ffordd ddihafal ei hun. Un gaeaf eithriadol o galed, wedi sawl wythnos o fwrw eira a rhewi'n gyson, dyma'r Gardner bach yn cyfarch ei Greawdwr â'r geiriau hyn:

'Rwyt ti wedi gneud hi nawr, Arglwydd, mae'r hen ddaear mor galed â harn. 'Ŷn ni'n gwbod taw ti pia hi, a gelli di wneud beth ti'n mo'yn â hi. 'Wedd Magdalen a Manasse wedi byw yn stiff drwy'u hoes ond wnest ti eu 'stwytho nhw, wel dere nawr, a gwna'r un peth i'r ddaear 'ma.'

Wedi codi hwyl fawr byddai bob amser yn gorffen ei weddi â: 'O! Dduw, cofia'r gwŷr mowr, trwy Iesu Grist ein Harglwydd, Amen.' Y 'gwŷr mowr', wrth gwrs, oedd yn ei gyflogi, a gwyddai'n iawn pa ochr i'r bara roedd y menyn.

Cymeriad lliwgar arall oedd George Henry, a gredai ei fod yn hyddysg iawn yn ei Feibl. Un Sul pregethai gweinidog hollol ddieithr yn y capel. Cymerodd ei destun o'r unfed bennod ar ddeg o lyfr y Pregethwr: 'Bwrw dy fara ar wyneb y dyfroedd; canys ti a'i cei ar ôl llawer o ddyddiau.' Gofynnodd y cwestiwn, 'Beth a gewch ar ôl llawer o ddyddiau?' Wrth gwrs, gofyn cwestiwn rhethregol oedd y bwriad, ac yn ôl arfer y cyfnod, ei ailadrodd lawer gwaith a'i lais yn magu nerth tebyg i hwyl yr hoelion wyth, a fyddai gymaint dan ddylanwad yr Ysbryd Glân. Pan oedd y gweinidog ar fin ateb ei gwestiwn ei hun, dyma George Henry yn achub y blaen arno trwy weiddi o'r galeri, 'Bara a dŵr, wrth gwrs'.

Ceid nifer o gyfarfodydd eglwysig i gynnal pobl pan

oedd angen cymorth ysbrydol a materol arnynt. Ar yr un pryd
â chyhoeddi angladd, arferid hefyd gyhoeddi gwylnos, i'w
chynnal yng nghartref yr ymadawedig y noswaith cyn y
claddu. Cynhaliwyd yr olaf o'r rhain yn y pentref yn 1910.
Cyfarfod gweddi ydoedd i gydymdeimlo â'r teulu a'u cynnal
yn eu colled. Ar un achlysur, pan fu farw gŵr â chymeriad
hytrach yn amheus, rhaid oedd cadw gwylnos fel arfer. Roedd
'Gardner bach y Plas' yn bresennol ac ar ei liniau mewn llawn
hwyl yn cyfrannu'r geiriau pwrpasol yma: 'O! Dduw ein Tad,
yr ydym yn trafod hau a medi, ond ma fe fan hyn [yr
ymadawedig] wedi hau yn ystod ei fywyd beth fyddai gas gyda
fi ei fedi.'

Ar ddiwedd pob oedfa wylnos byddai pawb a oedd yn
bresennol yn cael cyfle i weld y corff yn yr arch, os dymunent.
Roedd yn arferiad i orfodi plant i roi eu dwylo ar dalcen oer
y corff ac achosai hyn gryn dipyn o ofn ac arswyd yn eu mysg.
Byddai'r teulu'n ddiolchgar iawn am unrhyw arian a bwyd a
roddid iddynt i'w cynorthwyo drwy'r adeg anodd hon. Erys yr
arferiad hwn i raddau hyd y dydd heddiw. Pan fu farw fy
mam-yng-nghyfraith rai blynyddoedd yn ôl, teimlwn yn wir
ddiolchgar i gymdogion a ffrindiau am gacennau o bob math
gogyfer â bwydo'r ymwelwyr ar ddydd yr angladd, yn enwedig
gan nad oedd gennyf amser i goginio ar y pryd. Y dydd o'r
blaen, pan fu farw cymdoges i ni, cyfrannwyd hen ddigon o
fwyd i fwydo'r holl deulu a oedd wedi teithio o bellafoedd
byd. Ond rhaid i ni gyfyngu'r arferiad yma i'r Cymry yn unig,
oherwydd gall dramgwyddo'r Sais, am ei fod yn ymddangos
iddo ef fel estyn cardod.

Roedd hi'n arfer i deuluoedd oedd â chysylltiad â'r
capel baratoi bwyd yn eu tro i'r pregethwr ar y Sul. Os dôi o
bell i ffwrdd byddai'n rhaid iddo aros dros nos yn y tŷ capel.

Roedd ystafell wely bob amser yn barod ac ystafell arall i lawr
y grisiau i'w defnyddio gan y capel. Byddai deiliaid y tŷ capel
yn byw yn y tŷ'n ddi-rent ac yn ddi-dreth fel tâl am estyn
croeso i'r gweinidogion a gofalu am y capel a'r festri. Ar un
adeg arferai'r wraig yr oedd ei thro hi i baratoi bwyd, ddod â'r
cyfan i'r tŷ capel i'w goginio yno. Yn ddiweddarach newidi-
wyd y drefn, ac arferai'r person oedd yn 'cadw'r mis' roi arian
i wraig y tŷ capel i goginio'r bwyd ei hun. Byddai dau neu dri
o'r blaenoriaid yn cael cinio hefyd i gadw cwmni i'r pregeth-
wr, felly gallai fod yn achlysur digon drud i bwy bynnag oedd
yn talu. Y rhan fwyaf o'r amser, yr un math o fwydlen a geid
bob Sul – cawl i ddechrau, yna cig rhost a llysiau. Y toriad
gorau o gig eidion oedd y ffefryn, yn cael ei ddilyn â phwdin
reis neu darten afalau, pan fyddai'r rheini yn eu tymor. Ar un
adeg câi'r pregethwr faco – 'baco'r achos', fel y'i gelwid.
Roedd y cyfan yn gystadleuol iawn, fel y byddai pob peth yn
ymwneud â'r capel, a dim ond y bobl gefnog mewn gwiri-
onedd a allai gyfrannu at fwydo'r pregethwr a'r swyddogion ar
y Sul. Byddai Mam-gu'n darparu bwyd yn ei thro, ac yn
dweud y drefn wrth weld ei meibion yn ymweld â'r tŷ capel
ar nos Sul er mwyn cael llond bola o swper o'r hyn oedd yn
sbâr ar ôl cinio. Go debyg mai cyfle i lygadu Anne Jane, merch
y tŷ capel, oedd y prif atyniad, er mor flasus oedd y bwyd, ond
gwelai Mam-gu y cyfan fel cardota am fwyd.

Yn yr hen ddyddiau, pan ddôi'r ffair flynyddol i'r ardal,
rhybuddid y plant a'r bobl ifanc gan y blaenoriaid am y per-
yglon a wynebent wrth fynd yno. Credid mai lle anfoesol
oedd ffair ac na ddôi dim daioni o'i mynychu. Bob blwyddyn,
adeg y ffair, ar ôl i bawb arall gael eu dweud yn yr oedfa, codai
un hen flaenor ac ailadrodd ei gyngor blynyddol: 'Os oes rhaid
i chi fynd, byddwch ar eich gwyliadwriaeth am y big pockets.'

Wrth gwrs, roedd yn rhaid i'r gweision ffermydd fynd i'r ffair os oeddynt yn chwilio am waith mewn fferm arall, oherwydd yno y'u cyflogid. Gwnaent hi'n hysbys i'r ffermwyr a oedd yn chwilio am weision eu bod ar gael. Trewid y fargen ynghylch cyflog, ac unwaith y siglid llaw ar y fargen doedd dim tynnu'n ôl ar yr un ochr wedyn. Câi'r gweision eu trin yn debycach i anifeiliaid na phobl yn rhai o'r ffeiriau hyn.

Yr oedd rôl y blaenoriaid yn arbennig o bwysig ar ddechrau'r ganrif cyn cael gweinidog ordeiniedig yng nghapel Seion. Un o'r blaenoriaid a ysgwyddai faich neilltuol o drwm oedd Daniel Owen Davies, pregethwr lleyg a gyflawnai ddyletswyddau'r eglwys orau gallai. Cafodd anhawster arbennig gyda mater yn codi ynglŷn â'r arholiadau ysgrythurol a gynhelid yn y capel bob blwyddyn gan Fwrdd y Methodistiaid Cymraeg. Arholiad ysgrifenedig ydoedd, wedi ei rannu'n ddosbarthiadau yn ôl oedran, gyda dosbarth arbennig i'r rhai dros un ar hugain. Cymerid yr arholiadau hyn o ddifrif gan fod medalau'n cael eu rhoi i'r gorau ym mhob dosbarth, a gwobrau ariannol i'r ail a'r trydydd. Enillais rai sylltau nifer o droeon pan oeddwn yn blentyn, ac roeddwn yn llawer balchach ar y pryd o gael arian na medal ddiwerth. Roedd yr arholiadau hyn mor bwysig i rai ymgeiswyr, yn enwedig y rhai hŷn, fel nad oeddynt y tu hwnt i ymddwyn yn anonest.

Treuliai Daniel y rhan fwyaf o'i amser yn gweithio ar ei fferm, Blaen-plwyf, a oedd yn ffinio â Bwlch-clawdd, fferm fy modryb Sarah. Galwodd i'w gweld un diwrnod a golwg ofidus iawn arno, a bu yno am dipyn o amser cyn dweud beth oedd yn gwasgu arno. Cafwyd cwpaned o de, a chlywid yr hen gloc mawr yn taro'r awr ddwywaith a Daniel druan yn treulio'r amser yn trafod y tywydd a nifer o bynciau amwys eraill. O'r diwedd cymerodd Anti Sarah yr awenau a gofyn yn blwmp ac yn blaen iddo, 'Daniel Owen, mae'n hollol blaen bod rhywbeth yn eich poeni. Y'ch chi eisiau siarad amdano? Os y'ch chi, wel mas ag e yn lle gwastraffu amser.' Edrychodd yr hen Ddaniel yn syn arni a meddyliodd Anti Sarah iddi fod yn rhy llym wrtho ac na chlywai byth mo'i stori. Gwelodd ef yn rhoi ei law yn ei boced, ac mewn byr amser tynnodd allan amlen, ei thaflu ar draws y ford, a dweud, 'Darllenwch y llythyr 'ma.' Llythyr ydoedd oddi wrth fwrdd arholi'r Methodistiaid, yn gofyn ei farn ar gynnwys llythyr yr oeddynt wedi ei dderbyn gan flaenor a oedd hefyd yn athro ysgol Sul yn Seion. Darllenodd Anti Sarah y llythyr sawl gwaith gan fethu â chredu ei llygaid.

'Beth ddylwn i wneud?' gofynnodd Daniel. 'Sdim gwir yn hwn; mae Esther mor iach â chricsen. A alla i gyhuddo'r pen blaenor o ddweud celwydd? Beth yn y byd wna i?'

Ateb fy modryb oedd, 'Daniel Owen Dafis, rhaid i chi ateb i'ch cydwybod. A chofiwch eich bod bob amser yn atebol hefyd iddo Fe.'

Cododd Daniel yn araf o'i sedd gan ddweud, 'Chi sy'n iawn, Sarah, rhaid wynebu'r gwir. Ond mae mor anodd gen i gredu y gallai Jacob Thomas wneud y fath gamwedd.'

Ddywedodd Anti Sarah ddim, a rhoddodd yr hen Ddaniel y llythyr yn ei boced a gadael y tŷ yn benisel iawn gan fwmian 'Diolch' o garreg y drws. Roedd y llythyr yn ymwneud â chwaer o'r capel a safodd yr arholiad yn y dosbarth dros un ar hugain. Yn ôl y blaenor, Jacob Thomas, roedd y chwaer, Esther Evans, yn wanllyd iawn ac wedi bod yn ddifrifol wael, ac yr oedd yn haeddu medal am ei hymdrech yn unig, a hynny dan yr holl anfanteision. Roedd Daniel Owen Davies mewn cryn benbleth, gan nad oedd gair o wirionedd yn y stori. Ymhen llawer blwyddyn ar ôl hyn y clywais i'r stori, ar ôl marw Esther

Evans a Jacob Thomas. Y mae'n debyg iddynt fod yn gariadon am flynyddoedd, a'r ddau yn byw yn weddol agos i'w gilydd.

Jacob Thomas oedd hefyd yn gyfrifol am gyfraniadau misol i'r Recabiaid. Yn nyddiau cynnar y Methodistiaid rhoddwyd pwyslais mawr ar ymwrthod ag alcohol, ac yr oedd yn rhaid i'r blaenoriaid arwyddo addewid i fod yn llwyrymwrthodwyr. Mae'r arfer hwn wedi diflannu ers blynyddoedd bellach. O ganlyniad i'r gwaharddiad cynnar yma, daeth cymdeithas o'r enw Recabiaid i fodolaeth, a ymdebygai i'r Cymdeithasau Cyfeillgar, yn delio ag yswiriant i bobl oedd yn methu gweith-io am eu bod yn sâl; aelodau capel gan amlaf. Digwyddai hyn ymhell cyn dyddiau gwell yr NHS; ie, yr ydym ni sy'n ddigon hen i fod wedi gweld dyddiau caled yn y gorffennol yn ddi-olchgar am y Wladwriaeth Les bresennol er ei holl wendidau. Byddai Dad-cu yn addoli Lloyd George a ddaeth â phensiwn o bum swllt yr wythnos iddo, gan wneud bywyd yn werth ei fyw i lawer o hen bobl.

Cynhelid meddygfa wythnosol gan feddyg teulu yn Ardwyn, cartref Jacob Thomas. Yn naturiol ddigon, disgwyl-iai'r bobl a dalai eu cyfraniadau yn rheolaidd i'r Recabiaid dderbyn tâl pan fyddent yn sâl, ar ôl cyflwyno tystysgrif fedd-ygol, ond rhywsut neu'i gilydd ni fyddai hynny byth yn dig-wydd. Esgusodion Jacob Thomas fyddai nad oedd digon o gyfraniadau wedi eu talu neu fod oedi yn y talu allan. Gwnâi hyn wrth gwrs yn y gobaith yr anghofient y cwbl ar ôl gwella ac ailgydio yn eu gwaith. Digwyddodd hyn i gyfnither i mi a ddaeth i ofyn cyngor fy mam. Pallodd hi gredu bod yr esgus-odion yn rhai dilys, a phenderfynodd weithredu. Ar ôl dod o hyd i gyfeiriad pencadlys y Recabiaid, ysgrifennodd lythyr yn datgelu'r manylion. Daeth i'r amlwg fod yr arian wedi ei dalu i'r asiant ac yntau wedi ei gadw, ac i hyn ddigwydd dros gyfnod hir o amser. Yn ôl y sôn achubwyd Jacob Thomas rhag mynd i lys barn oherwydd ei fod yn perthyn i ŵr dylanwadol ym myd y gyfraith, ond doedd hi ddim mor hawdd osgoi cosb aelodau capel Seion, oherwydd trowyd ef allan o'r sêt fawr i'w ailethol pan gynhaliwyd y bleidlais nesaf. Roedd yn flaenor da at ei gilydd, yn hyddysg yn ei Feibl ac yn rhagori mewn llywyddu cyfarfodydd anodd. Medrai daflu olew ar ddŵr cythryblus. I wneud iawn am ei ddrygioni, gadawodd ei gartref i'r capel yn ei ewyllys.

Stori arall a ddaw i'r cof am ffaeleddau'r hen flaenoriaid yw hanes James Davies, a oedd yn athro ysgol Sul ac wedi addunedu i lwyrymwrthod â'r ddiod feddwol. Dyn busnes ydoedd a oedd yn ffrindiau mawr â'r cynghorydd sir lleol, a hwnnw'n adnabyddus iawn am ei hoffter o'i ddiferyn. Yr oedd pawb yn hoff o James Davies ac yr oedd yn dda iawn i'r capel. Un diwrnod aeth un o'r aelodau gyda ffrind iddo i mewn i far preifat y gwesty gorau yn y dref gyfagos, sef y Llew Du, a phwy oedd y person cyntaf iddo gwrdd yno ond yr athro ysgol Sul a'r cynghorydd. Nid oedd Mr Davies yn rhy falch o gael ei weld yno, nac ychwaith o glywed y ferch wrth y bar yn cyfarch y ddau mewn llais uchel, 'Yr un peth ag arfer i'r ddau ohonoch?' Bu Mr Davies yn gyflym iawn gyda'i ateb, 'O, ie, glasied mawr o lemonêd, os gwelwch yn dda.' Pwy, tybed, yr oedd yn ceisio'i dwyllo?

Y mae'r hen flaenoriaid wedi mynd; yr oeddynt yn gymysgedd o dda a drwg, yn ymwybodol o'r rheolau ac yn gwybod canlyniadau eu torri. Ceisient roi cyngor – fel ynghylch mynychu'r ffair – ond ni lwyddent bob amser i gadw at eu gair gan mai meidrol oeddynt fel pawb arall ac yn crwydro weithiau oddi ar y llwybr cul. Yn ystod fy mhlentyndod bûm yn dyst i ddau flaenor gael eu diarddel. Taflwyd hwy allan o'r sêt fawr i chwilio noddfa yng nghôr y teulu. Y syndod mawr oedd iddynt dderbyn eu cerydd heb un gwrthwynebiad, a buont mor ffyddlon i'r oedfaon y tu allan i'r sêt fawr ag y buont cynt. Oherwydd hynny, aileetholwyd y ddau y tro nesaf y dewiswyd blaenoriaid newydd.

Hyd at yn gymharol ddiweddar, tueddai'r werin bobl i gredu fod gweinidogion yr Efengyl yn perthyn i'r dosbarth canol, er iddynt dderbyn cyflogau pitw iawn gan yr eglwysi. Gweinidog cyntaf Seion a sefydlwyd ym 1911 oedd y Parch Eliseus Jenkins, a oedd mewn sefyllfa reit ffodus gan iddo briodi gwraig gefnog, dipyn yn hŷn nag ef. Darparwyd tŷ mawr ar eu cyfer fel mans, gyda morwyn i gynorthwyo Laura Jenkins gyda'r gwaith tŷ. Credai hi ei bod yn dipyn pwysicach na'i gŵr. Rhaid cyfaddef iddi ragori mewn coginio, a châi rhai aelodau wahoddiad i swper yn y mans yn dra aml. A chwarae teg iddi, byddai paned o de a rhywbeth i'w fwyta yn y mans i bawb bob adeg o'r dydd. Un bore Sul, daeth Eliseus Jenkins yn hwyr i'r gwasanaeth a heb Mrs Jenkins. Edrychai'n ddifrifol iawn ar ei ffordd i mewn ac ni bu fawr o sgwrsio rhyngddo a'r blaenoriaid yn y sêt fawr cyn iddo esgyn i'r pulpud. Aeth drwy'r rhannau rhagarweiniol yn gynt nag arfer. Darllenodd bennod olaf llyfr y Diarhebion, yn datgan clod a chyneddfau gwraig dda, a chododd ei destun o'r un bennod, sef adnodau 10-13: 'Pwy a fedr gael gwraig rinweddol? Gwerthfawrocach yw hi na'r carbwncl. Calon ei gŵr a ymddiried ynddi, fel na bo arno eisiau anrhaith. Hi a wna iddo les, ac nid drwg, holl ddyddiau ei bywyd.' Hawdd oedd deall fod rhywbeth mawr yn ei gorddi, a hynny'n ymwneud â'i wraig. Ar derfyn yr oedfa gorchmynnodd i'r aelodau aros ar ôl. Daeth at y pwynt ar unwaith. 'Rwy'n teimlo'n flin iawn 'mod i'n gorfod siarad â chi ar fater sydd yn peri gofid mawr i mi. Mae fy ngwraig wedi cael ei brifo'n arw. Mae stori wedi dod i'w chlustiau fod rhai ohonoch yn achwyn i chi gael "jam siop" gyda'ch bara menyn wrth gael te yn y mans, ond fod ei ffrindiau pwysig yn cael "jam cartre". A chi gyd yn gwybod y fath gamster yw'r wraig ar wneud jam. Mae'r cyhuddiad yn hollol ddi-sail; fuase hi byth yn meddwl gwneud y fath beth, a does dim "jam siop" yn twllu drws y mans. Mae Jane y forwyn yn dyst o hyn. Mae Mrs Jenkins wedi llefain drwy'r nos ac wedi pallu dod i'r oedfa y bore 'ma.'

Eisteddodd i lawr a'r dagrau'n llifo. Cododd Jacob Thomas ar ei draed, ac yn ei ffordd ddoeth unigryw gwnaeth ymdrech i wastoti pethau. Er i'r blaenoriaid fynd i weld Mrs Jenkins a gofyn am faddeuant ar ran eu haelodau maleisus ac annheg, fu pethau byth yr un fath ac ni fu eu harhosiad yn Seion yn hir ar ôl hanes y jam. Roedd yn golled fawr ar ei ôl, yn weinidog gofalus, yn gerddor da ac yn weithiwr caled gyda'r bobl ifainc, ond yr oedd dan fys bawd ei wraig a oedd yn fenyw bwerus. Jam fu achos diwedd cyfnod Eliseus Jenkins fel gweinidog ar Seion.

Ar ôl Eliseus Jenkins daeth gweinidog ifanc, newydd adael y fyddin ar ddiwedd y Rhyfel Byd Cyntaf, i Seion. Cymeriad annwyl iawn oedd Griffith Beynon, yn ddibriod ac yn llawn bywyd a direidi. Roedd hefyd yn bregethwr ardderchog, ac yn ôl un hen wàg, 'Cadwch G.B. yn y pulpud a does neb yn well nag ef, ond cofiwch, peidiwch gadael iddo ddod lawr.' Yn ystod yr oedfa ar ddydd ei ordeinio, siaradodd gŵr a oedd yn cynrychioli'r capel lle'i magwyd yng nghymoedd y de. Bu'n canmol Griffith, ond tra oedd yn traethu dyma fe'n dweud ac yn ailadrodd sawl gwaith: 'Dir, mae gan hwn fam, *mae ganddo fo fam*', gyda phwyslais arbennig ar y gair 'fam'; Teimlai pawb yn y gynulleidfa drueni dros y tad, a oedd yn eistedd yng nghornel y côr ar bwys ei wraig, yn cochi hyd fôn ei glustiau ac yn suddo'n is i'w sedd bob eiliad. Druan ohono.

Âi Griffith Beynon oddi amgylch i ymweld â'i braidd yn fynych, ac felly câi gyfle i fwyta ar wahanol aelwydydd. Yn gloi iawn daeth pawb yn ymwybodol o'i hoffter o fwyd. Un tro cafodd ei wahodd i swper i fferm Ffynnon-oer, ac o adnabod y wraig, nid bach o swper fyddai'n ei ddisgwyl. Galwodd yn Nolarian ar y ffordd i Ffynnon-oer ac roedd y teulu ar fin bwyta swper. Cafodd gynnig i ymuno â nhw, ac yn wir profodd golwg flasus yr eog yn ormod o demtasiwn i'r gweinidog. Syrthiodd i'r trap a chymryd pryd sylweddol. Aeth ymlaen ar ei daith a mwynhau llond bola o swper moethus Ffynnon-oer. Yn hwyr yr un noson aeth fy modryb Nell i gau drws y tŷ ffowls a chlywed sŵn rhyfedd yn dod o gyfeiriad y ffordd fawr, yr ochr arall i'r clawdd. Symudodd yn dawel i gyfeiriad y sŵn heb ddangos ei hun, a darganfod y gweinidog yn chwydu ar ochr y ffordd. Bu'r holl loddesta'n ormod i'w stumog ei ddal. Fel arfer, pan gâi ei wahodd i bryd o fwyd, arferai ar ôl cyrraedd fynd i'r gegin at y gwragedd am hwyl a thynnu coes, a phan fyddai'r cig yn cael ei dorri mynnai sleisen dda o'r tu allan a hwnnw wedi cael ei goginio'n drylwyr a haenen dew o saim crimp oddi amgylch. Beth a ddywedai'r arbenigwyr iechyd am hyn heddiw? Er gwaethaf hyn oll bu fyw nes cyrraedd ei wythdegau.

Nid oedd angen cloi'r drysau slawer dydd. Gallai'r ffermwyr a'u gwragedd dreulio'r diwrnod yn gweithio allan ymhell o'r cartref heb bryderu a oedd pob peth yn saff. Daeth aelodau capel Seion yn gyfarwydd ag ymweliadau aml ac annisgwyl y gweinidog ifanc. Cafodd fy modryb Nell gryn dipyn o ofn y tro cyntaf iddo alw. Daeth i mewn o'r ardd i dŷ gwag, yn ei thyb hi, ond wedi agor y drws mas, gallai arogli mwg sigarét, a phan agorodd ddrws y gegin dyna lle'r oedd y gweindog yn chwerthin yn iach, gan feddwl fod y cyfan yn jôc fawr. Daeth pawb i wybod yn gloi mai dyma oedd i'w ddisgwyl ganddo. Roedd yn ganwr da, a hefyd yn actiwr gwych, ac edrychai fy ewythr, a fu'n gaeth i'w wely am rai blynyddoedd, ymlaen at ei ymweliadau oherwydd byddai'n dynwared yr hoelion wyth yn pregethu, ac yn actio rhai o aelodau'r capel yn canu, heb fod yn rhy garedig wrthynt. Roedd pawb yn meddwl y byd ohono a'r rhan fwyaf yn mwynhau ei ysbryd bywiog diniwed. Gadawodd yr eglwys yn annisgwyl ar ôl rhyw ddeng mlynedd o wasanaeth. Mae'n debyg fod dau reswm dros hynny. Syrthiodd mewn cariad â merch hyfryd a phrydferth iawn o'r enw Letty a wrthododd ei briodi gan ei bod hi'n dal a lluniaidd ac yntau'n fyr a thew. Deallaf fod hyn yn ffactor bwysig y dydd-iau hynny wrth ddewis cymar. Yna daeth i wybod am fusnes yr yswiriant yn ymwneud â'i flaenor Jacob Thomas, ymhell cyn i'r stori ddod yn wybyddus. Bu rhywun yn ddigon caredig i'w rybuddio, gwelodd y golau coch a theimlodd mai'r peth doethaf i'w wneud oedd dianc mewn pryd. Profodd yr eglwys golled fawr ar ei ôl. Y Parch. Griffith Beynon a'm bedyddiodd i, a byddai bob amser yn galw i'm gweld pan fyddai yn yr ardal. Cadwodd ei hiwmor hyd y diwedd, ond yn anffodus hen lanc a fu trwy gydol ei oes, wedi caru'n aflwyddiannus lawer gwaith.

Bu'r capel heb weinidog am flynyddoedd lawer wedi hyn, ac yn ystod y cyfnod hwnnw cododd problem arall, sef yr arferiad o ysgrifennu llythyron dienw. Tua'r adeg hon daeth gwidman wedi ymddeol, o'r enw Moses Llewelyn, i fyw i'r ardal. Priododd hen ferch o'r enw Bessie Davies ac yr oedd y ddau'n ffyddlon iawn i'r achos. Tua diwedd ei oes dechreuodd ef anfon llythyron cas, wedi eu harwyddo, at bobl leol. Dynion busnes oedd y dioddefwyr, rhan fwyaf, a byddai'n achwyn am y ffordd y rhedent eu busnesau. Wrth edrych yn ôl, haws deall mai dechrau'r afiechyd a'i lladdodd a barodd iddo wneud hyn.

Ond rwy'n wirioneddol gredu i lythyron Moses Llewelyn blannu hadau ym meddyliau rhai o wragedd yr eglwys ac iddynt fedi llythyron dienw.

Daeth ffermwr o'r enw Samuel Hughes i ymddeol i'r pentref, a chan ei fod wedi colli ei briod a heb fod yn brin o arian, cyflogodd howsgiper, Martha Davies, o'r tu allan i'r ardal. Gwraig â phersonoliaeth gref oedd hon ac yn ffyddlon iawn i'r oedfaon. Penodwyd hi'n athrawes ysgol Sul mewn byr amser ac ymroddodd yn llwyr i holl weithgareddau'r capel. Cofiaf achlysur sydd yn gwneud i mi wrido heddiw wrth gofio amdano. Bu 'faciwî tu hwnt o ddrygionus o'r enw Martin Charles gyda ni yn ystod y rhyfel. Yr oedd tua deg oed ar y pryd ac yn nosbarth ysgol Sul Miss Davies. Cafodd y plant eu te Nadolig arferol ac, yn annoeth efallai, danfonwyd hwy allan i chwarae yn y tywyllwch ar ôl gorffen eu te er mwyn i ni'r oedolion gael heddwch i fwynhau ein hunain wrth y ford. Cynigiodd Martha Davies olchi'r llestri. Uwchben y sinc yng nghegin y festri yr oedd ffenestr fach a honno ar agor. Pan blygodd hi i lawr i olchi, dyma law yn ymestyn i mewn drwy'r ffenestr ac yn cydio mewn twffyn o wallt Miss Davies a'i dynnu hyd nes iddi weiddi, a dyma'r llaw yn gollwng. Teimlwn yn reit sâl achos nid oedd raid gofyn pwy oedd y drwgweithredwr, ond cefais ryw ryddhad wrth ddeall na allai Martin gyrraedd y ffenestr i fedru gwthio ei law i mewn heb i rywun neu rywrai ei ddal i fyny, ac yr oedd nifer o wragedd eraill yn edrych yn bur euog ar ôl y digwyddiad.

Drws nesaf i Martha Davies roedd dwy chwaer yn byw, Kitty a Lily, y ddwy yn weddwon ac un yn dra chyfoethog. Ymddangosent yn ddwy reit ddiniwed ac annwyl iawn. Yn fuan daeth y ddwy yn ffrindiau da â Martha Davies, a chyn hir dechreuodd nifer o bobl, y rhan fwyaf ohonynt yn aelodau o'r capel, dderbyn llythyron dienw. Câi Samuel Hughes lawer o hwyl yn tynnu coes y tair gwraig, a threuliai gryn amser yn eu cwmni. Ni fynychai'r capel Methodist gan mai eglwyswr selog ydoedd. Yr oedd aelod ffyddlon arall yn Seion, sef Hettie Ellen. Gwraig wedi ymddeol o ffermio ydoedd, ac wedi dod â'i dau was dibriod i fyw gyda hi, gan nad oedd cartref iawn gan yr un o'r ddau. Cafodd y ddau waith yn lleol a bu'r berthynas yn un hapus iawn. Roedd un o'r ddau yn weithgar yn y gymuned ac yn aelod o nifer o gymdeithasau lleol, ond Bedyddiwr ac nid Methodist ydoedd! Un o'r bechgyn a ddaeth o gartref Dr Barnardo pan oedd yn bedair ar ddeg oed oedd y llall ac ychydig yn araf yn feddyliol.

Tipyn o dderyn oedd Hettie Ellen a bu llawer o hwyl a thynnu coes rhyngddi a Samuel Hughes. Derbyniodd un o'r llythyron dienw yn awgrymu mor atgas oedd ei hymddygiad, yn byw gyda dau ddyn, ac un ohonynt yn flaenor gyda'r Bedyddwyr. Ac fel petai hynny ddim yn ddigon, yr oedd yn rhaid iddi gwrso trydydd dyn. Roedd y rhan fwyaf o dderbynwyr y llythyron ffiaidd hyn yn wŷr dibriod neu yn widmyn rhwng hanner cant a saith deg oed. O'r diwedd aeth y nifer a dderbyniwyd dros ben llestri a rhaid oedd gweithredu ar frys. Erbyn hynny roedd pobl wedi dechrau amau pwy oedd yn gyfrifol. Cyfarfu'r dioddefwyr â'i gilydd a chymharu'r llythyron, a daeth yn weddol amlwg iddynt pwy oedd y drwg-weithredwyr. Daeth Samuel Hughes i'r adwy i osod trap, a daliwyd y tair ffrind, Kitty, Lily a Martha. Cyfaddefodd y tair heb ddadlau a bu raid i Martha'r howsgiper adael ei gwaith ar unwaith a dianc o'r ardal. Eiddigedd oedd wrth wraidd y cyfan oherwydd roedd Kitty, y wraig gyfoethog, yn ysu am ailbriodi, ac roedd Samuel Hughes ar ben ei rhestr, ond roedd ef yn llawer rhy gyfeillgar â nifer o wragedd eraill i fod wrth ei bodd hi. Un newydd i'r ardal oedd Martha Davies druan, ac wedi ei thwyllo'n llwyr gan ddiniweidrwydd maleisus y ddwy chwaer. Hi a ysgrifennodd y llythyron ar eu rhan, gan ei bod yn fwy galluog i wneud hynny, a chredent na fyddai neb ond Samuel Hughes yn adnabod ei hysgrifen, felly ni dderbyniodd ef lythyr. Ond ef oedd yr un a wnaeth ddatrys y broblem.

Profiadau tra annymunol y deuthum ar eu traws yn ymwneud â'r capel, un yn waeth o lawer na dim arall, a hynny pan oeddwn yn fy arddegau cynnar. Cerddai fy ffrind Mair a minnau'n fynych iawn yn yr haf drwy goedwig hyfryd i draeth glan môr. Un Sadwrn arbennig, a ninnau'n tybio fod y traeth yn wag, dyma sylwi fod un dyn bach yn nofio yn y môr ar ei ben ei hun. Mae'r dyddiau dedwydd hynny o ddod o hyd i draeth gwag yn yr haf wedi llwyr ddiflannu ar ôl dyfodiad y twristiaid, a chadw draw yw'r ateb gorau heddiw. Dewisom fan addas i dorheulo heb weld golwg o ddillad y gŵr yn y môr yn unman. Anghofiom amdano dros dro a sgwrsio bant, ond cyn hir gwelsom ef yn dod allan o'r dŵr ac yn edrych i'n cyfeiriad ni, yna'n cerdded ar draws y traeth i gyfeiriad arall. Ond toc daeth yn ei ôl heb wisgo amdano ac yn cario'i ddillad ar ei fraich. Eisteddodd ar graig yn weddol agos atom − ymddygiad ychydig yn rhyfedd a chymaint o le preifat ar gael i newid. Yn naturiol iawn roeddem yn dra chwilfrydig erbyn hyn ac yn cadw golwg barcud arno drwy gil ein llygaid. Tynnodd ei drowsus molchyd i ffwrdd heb ffwdanu'i guddio'i hun. Yn awr rhaid oedd i ni esgus cau llygaid a pheidio edrych i'w gyfeiriad, ond doedd hyn ddim wrth ei fodd, a'r peth nesaf a wnaeth oedd cuddio hanner isaf ei gorff â thywel a cherdded tuag atom. Edrychai hyn yn hollol ddiniwed; tebyg fod arno eisiau sgwrs. Ond wrth i ni edrych i'w gyfeiriad eto, tynnodd y tywel i ffwrdd a dangos ei hun yn borcyn. Ni chymerasom unrhyw sylw ohono. Arhosodd yn yr unfan am beth amser ond rhoddodd y gorau iddi yn y diwedd a dychwelyd at ei ddillad. Bob tro yr edrychem i'w gyfeiriad byddai'n syllu arnom fel pe bai'n ysu am gyfle i ailadrodd y perfformans. Gwisgodd ei ddillad o'r diwedd a cherdded ymaith o'r traeth mewn siwt sobr ddu. Methem gredu y gallai dyn canol oed a edrychai yn ŵr parchus gyflawni gweithred mor ffiaidd. Penderfynom gadw'r digwyddiad yn gyfrinach – dros dro, ta beth.

Dydd Sul oedd y dydd canlynol ac yr oedd Cyrddau Mawr yng nghapel Seion, gyda dwy bregeth yn y nos, un gan bregethwr lleol a'r llall gan bregethwr gwadd. Y gŵr lleol a bregethodd gyntaf a'r gŵr dieithr yn ei ddilyn. Yr oedd y capel yn orlawn, a phan godom i ganu gyda blaenoriaid y sêt fawr yn troi i wynebu'r gynulleidfa yn ôl yr arfer, dyfalwch pwy oedd yn eu canol? Neb llai na'n cwmni ar y traeth y diwrnod cynt! Cefais gymaint o sioc o weld y creadur fel na wyddwn i ble i droi. Esgynnodd i'r pulpud ar ôl y bregeth gyntaf a thraddodi mewn modd na chlywyd ei debyg erioed. Yr oedd yn adnabyddus fel un o hoelion wyth pulpud y Methodistiaid a hefyd yn cael ei gyfrif yn fugail da ar ei braidd. Roedd Mair yn fwy ffodus na fi oherwydd mai aelod o'r Eglwys yng Nghymru ydoedd, a fu dim rhaid iddi ddioddef fel y gwnes i. Wedi trin a thrafod, penderfynodd y ddwy ohonom mai cadw'n dawel fyddai orau. Credem pe baem yn mentro dweud ein stori y byddem mewn trwbwl mawr oherwydd pwy fydd-ai'n credu stori dwy ferch fach ddwl a'u dychymyg? Roedd y gŵr yn aros dros y penwythnos gyda ffrindiau a oedd yn byw yn agos i'r traeth, lle y gwelsom ni ef. Gan mor ddylanwadol oeddynt yn yr ardal, ni fyddent yn hir cyn rhoi taw arnom ni'n dwy. Cadwom ein cyfrinach dros y blynyddoedd, ond credaf

Adeiladwyr yn ne Cymru, gan gynnwys fy wncwliaid, c.1910.

Gwragedd sir Aberteifi yn eu dillad gorau ar ddechrau'r ugeinfed ganrif.

Siop y teulu yn Llundain,
c.1910. Arferent gadw dail
asbidistra yn y siop i gadw'r
cynnyrch yn oer, gan nad
oedd dydd yr oergell wedi
gwawrio eto.

The Village Smithy

Tell I.M. we failed to catch
cochin yesterday

Carden yn cyfeirio at
'Cochyn' y postmon.

Wncwl Jim ac Wncwl Joe
(yn sefyll ail a'r trydydd
o'r chwith) yn mwynhau
eu hamser hamdden yn
America. Aeth pedwar
brawd i San Ffransisco i
helpu ailadeiladu'r ddinas
ar ôl y tân mawr a
ddilynodd y ddaeargryn
yn 1906.

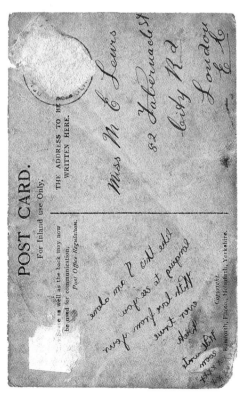

Carden oddi wrth Jack i Nell,
1907. Sylwch ar y sgrifen sydd
o chwith.

Carden bost a llun Evan Roberts y Diwygiwr, 1904.

Y twlc mochyn. Credai ambell i un mewn gwylad trwy'r nos cyn dydd lladd y mochyn, rhag ofn colli anifail mor werthfawr.

Un o'r hen dai bach sydd eto'n sefyll. Mewn tŷ bach tebyg i hwn y cyfarfûm â llygoden ffrengig am y tro cyntaf!

Y plât bando. Diwrnod arbennig iawn oedd y diwrnod bando pan fyddai'r bandyn metel yn cael ei roi oddi amgylch yr olwyn gart bren.

Ni all rhamant edrych yn
ôl guddio'r gwirionedd
taw gwaith tu hwnt o galed
oedd ffermio.

E. Ceredig Evans,   CARDIGAN.

'Gardner bach y Plas'
Crefyddwr i'r carn ac yn ei
elfen mewn cwrdd gweddi.

Tystysgrif am bresenoldeb da yn yr ysgol leol yn 1905. Lled isel oedd
presenoldeb hyd yn oed y gorau, ffaith sy'n dangos pa mor anodd oedd
cael plant i fynychu'r ysgol yn gyson.

Dr J. Powell (1850-1917),
yr hen ddoctor annwyl a
fu'n feddyg teulu i'r ardal.

Dadcu a Mamgu, Parcderyn, a'r merched Sarah, Nell ac Anne.

Carden Nadolig i Anti Nell oddi wrth edmygwr a oedd yn y fyddin: 'Gwell Angau Na Chywilydd. With Christmas Greetings for 1917, in the Confident Hope of a Victorious 1918, from D. Lloyd 38th (Welsh) Division.'

iddi fod yn haws i Mair anghofio'r profiad gan nad oedd hi'n Fethodist fel fi.

Roedd yna rai cymeriadau ar gael a fyddai'n gwneud defnydd o'r eglwys pan allai fod o fantais iddynt. Un o'r rhai hynny oedd Siors James, mab i ffermwr yn byw ar lan afon Lleu sydd hyd heddiw'n boblogaidd am ei physgod. Teulu digon cyffredin oeddynt, er hynny yn dduwiol dros ben. Roedd y tad yn flaenor yng nghapel Hermon ac ni welodd y plant lawer o bechu ar aelwyd eu rhieni erioed. Cadwent ddyletswydd deuluol bob nos ac yr oedd mynychu moddion gras yn beth hanfodol ar y Sul ac ar nosweithiau'r wythnos.

Un o bedwar o feibion oedd Siors, a daeth hi'n amlwg yn gynnar yn ei fywyd ei fod yn llawer mwy drygionus na'r tri arall. Cafwyd llawer o drwbwl ganddo yn yr ysgol, ac roedd ar yr athrawes ei ofn. Pan fyddai'r prifathro i ffwrdd, arferai ei chodi yn grwn o'r llawr a'i rhoi y tu mewn i'r *guard* o flaen y tân a'i chadw yno am amser hir. Bychan o gorffolaeth oedd Miss, ac yntau'n fachgen cryf a thal. Ni wnâi addysg un lles iddo ac ni chymerodd unrhyw ddiddordeb yn yr ysgol, a chan ei fod yn gymaint o broblem i'r athrawon does fawr o syndod iddynt deimlo'n wir falch pan ddaeth yr adeg iddo adael. Cuddiodd aml rwler a chansen y tu mewn i'r harmoniwm ac, o ganlyniad, clywid sŵn aflafar yn dod ohoni yn fynych wrth ei chwarae.

Yr oedd ei galon yn yr afon, a'i hoff orchwyl oedd pysgota. Ar ôl gadael yr ysgol dechreuodd gynorthwyo'i dad gartref ar y fferm, ond treuliai ei nosweithiau ar lan y dŵr yn nhawelwch y nos. Yr oedd y rhan hon o'r wlad yn enwog am ei chyryglau, ac ni bu Siors yn hir cyn meistroli'r grefft o drafod un o'r rhain. Erbyn hyn yr oedd pysgota â rhwyd yn yr afon yn dechrau darfod gan nad oedd trwyddedau newydd yn cael

eu gwerthu ar ôl dyddiad penodedig. Methodd Siors â chael
un, ac wrth gwrs yr oedd cadw'r ddeddf yn ormod o faich
arno; ei elynion mwyaf yn ystod ei oes fu'r beilïaid dŵr. Ni
fu'n ffermwr am hir am nad oedd yn orchwyl wrth ei fodd;
nid oedd digon o ramant a pherygl ynddo. Aeth ati i chwilio
am unrhyw fath o waith ar hyd a lled y fro, ac er iddo
ddechrau yfed yn drwm, nid oedd byth yn brin o arian;
gwerthai'r samwn a ddaliai yn yr afon am bris uchel.

Priododd un o ferched harddaf yr ardal yn wyneb cryn
wrthwynebiad gan ei theulu. Wedi i Bethan eni tair o ferched a
byw bywyd digon cythryblus, penderfynodd Siors droi ei gefn
ar ei deulu, a thebyg nad oedd Bethan yn hiraethu ryw lawer ar
ei ôl erbyn hynny. Roedd yn fachgen mawr cryf a oedd i'w
ofni'n fawr pan oedd o dan ddylanwad y ddiod feddwol.

Gwnaeth ffŵl o'r beilïaid lawer tro. Un diwrnod aeth i'r
dref gyfagos a theiar modur ganddo mewn sach, wedi ffonio'r
heddlu o'r pentref gyntaf gyda'r wybodaeth fod Siors y Potsier
ar y bws a samwn yn ei sach. Daeth allan o'r bws a cherdded
i fyny stryd tref Llan-boyr yn fras iawn a'r sach ar ei gefn. Ar
unwaith daeth dau blismon a beili dŵr a chydio ynddo a mynd
ag ef i orsaf yr heddlu; dyma'r llwyddiant y disgwyliwyd mor
hir amdano. Roedd y gŵr a barodd gymaint o ofid iddynt yn
y gorffennol yn awr yn ddiogel yn eu crafangau. Yr oeddynt
bron â dawnsio gan lawenydd, ond trodd y gorfoledd yn siom
a chywilydd enbyd pan agorwyd y sach a gweld ei chynnwys.
Cerddodd Siors yn rhydd a gwên ar ei wyneb – nid oedd mor
ffôl â chael ei ddal mor rhwydd. Cynhyrfodd hyn y swyddog-
ion yn fwy byth ond yr oedd y cadno'n rhy gyfrwys iddynt.

Cafodd waith gyda chwmni newydd a ddaethai i'r
ardal, a bu'n llwyddiant mawr yno drwy anrhegu'r meistri â
samwn. Saeson diniwed oedd y rhain, yn deall fawr ddim am

arferion gwledig nac am gymeriad Siors. Gwelwyd ef un dydd yn cerdded tua'r swyddfa a pharsel dan ei fraich, a phen hwyaden yn dod i'r golwg. Dwyn hwyaden oddi ar ffermwr tlawd, efallai, i anrhegu'r meistri cyfoethog, yn y gobaith y dôi hynny â mantais iddo ef. Am wythnosau ar ôl hyn clywid 'Cwac, cwac' yn cael ei weiddi ar ei ôl, er na fentrai neb ddweud dim yn ei wyneb rhag ofn iddynt ddiweddu eu hoes gyda'r pysgod yn nyfroedd oer yr afon.

Mae past samwn yn llwyddiannus iawn i'w ddefnyddio fel abwyd i ddal pysgod, ond yn waharddedig, gan fod yn rhaid lladd y samwn gyntaf a thynnu'r ronnell allan i wneud y gymysgedd. Bu Siors yn ddiwyd iawn yn cymysgu pwti, plwm coch a jar o bast pysgod, a'i werthu fel y stwff arbennig am bris uchel. Dwn i ddim faint o lwyddiant a gafwyd ar yr afon wrth ddefnyddio'r abwyd drud yma, ac ni wn i chwaith faint ddaeth yn ôl i brynu ychwaneg.

Treuliai amser maith o dan y dŵr yn cuddio mewn mannau anodd yn hytrach na chael ei ddal yn potsian. Un nos Sul gallai'r beili dyngu iddo ei weld yn gadael ei gwrwgl a rhywbeth dan ei gesail, ond methodd ei ddal. Doedd fawr o syndod gan i Siors gerdded i mewn i'r capel yn dawel iawn ac eistedd yn sêt y gwt. Synnodd pawb o ddeall ei fod yn bresennol yn yr oedfa. Pan gododd y gynulleidfa ar ei thraed i ganu'n bwrpasol iawn, 'Gwnes addunedau fil i gadw'r llwybr cul, ond methu rwyf,' wynebai ei dad, a oedd yn y sêt fawr ac wedi troi gyda'r blaenoriaid eraill i wynebu'r gynulleidfa tra oeddynt yn canu'r emyn. Edrychai Siors, mae'n siŵr, mor gartrefol yno ag y gwnâi pan oedd yn blentyn diniwed, dan ddylanwad ei rieni. Mae'n rhyfedd meddwl i'w dad cyfiawn, yn gwbl ddiniwed, dyngu ar ei lw i'w fab fod yn bresennol yn y capel trwy gydol yr oedfa, gan ei arbed rhag cosb cyfraith gwlad. Tybed beth fuasai ymateb y tad petai'n gwybod y gwir?

Bu farw Siors cyn cyrraedd canol oed, wedi esgeuluso ei iechyd drwy dreulio cymaint o'i amser yn potsian ar yr afon. Mae'n anodd meddwl beth oedd yn mynd trwy feddyliau ei deulu ar ddydd ei angladd. A deimlwyd rhyw ryddhad ei fod yn ddiogel rhag derbyn niwed na pheri niwed mwyach?

❧

IV

Bwystfilod y Maes

Canys â cherrig y maes y byddi mewn cynghrair;
a bwystfil y maes hefyd fydd heddychol â thi.

Job 5:23

FFERMIO oedd prif fywoliaeth pobl yr ardal; gwaith caled ac yn fusnes heb lawer o elw ynddo.

Yn 1914 cynigiodd llywodraeth y dydd gymhorthdal i ffermwyr gadw tarw o dras uchel i wella'r stoc. Hyd hynny, y gwŷr mawr fyddai'n cadw teirw ar eu ffermydd, a châi'r tenantiaid eu benthyg i'w defnyddio gyda'u gwartheg. Bu'r cymhorthdal yma'n boblogaidd iawn a galwyd pwyllgor ym Mlaen-y-groes, pryd y daeth tua hanner cant ynghyd i ffurfio 'Bull Society'. Pwysleisid fod cael tarw o linach da yn dra phwysig. Y brid Byrgorn (*Shorthorn*) oedd yn boblogaidd ar y pryd. Buches â phwrpas deublyg oedd hon, yn cynhyrchu llaeth, a hefyd yn addas i'w gwerthu yn y farchnad gig. Bu'n rhaid i aelodau'r gymdeithas gwrdd yn aml ar y dechrau, a chafwyd pwyllgorau eithaf bywiog, rhai yn fwy felly na'i gilydd. O'r diwedd penderfynwyd mynd i arwerthiant teirw yn Penrith, Cumberland, i brynu tarw, gan mai yno y gwerthid y gorau.

Nid mater hawdd oedd penderfynu pwy oedd i gymryd y cyfrifoldeb o fynd i'r sêl i brynu, ond doedd y broblem honno'n ddim o'i chymharu â'r hyn oedd i ddod, sef ble fyddai'r tarw'n ymgartrefu. Bu'n rhaid gwneud penderfyniad cyflym gan fod yr anifail ar fin cyrraedd. Cafodd le tywysogaidd ar ffrm Blaen-cwm. Disgwylid i'r aelodau dalu swm blynyddol, ac yna swm ychwanegol am bob buwch y byddai'n ei serfio. Costiai ffortiwn i fwydo'r tarw oherwydd roedd archwaeth enfawr at fwyd ganddo. Gwaethygodd y sefyllfa ariannol yn gloi iawn, ac erbyn 1923 roedd yn argyfwng. Yn 1924 cynhaliwyd sêl o weithgareddau, a chyngerdd gyda'r nos. Codwyd £100, a oedd yn swm enfawr y dyddiau hynny. Pan oeddwn yn blentyn gwelais nifer da o fuchod yn cael eu harwain ar hyd y ffordd fawr ac yna ar hyd y lôn yn dirwyn i ffrm Blaen-cwm i gwrdd â'r bonheddig Samson. Dim ond hebrwng ar hyd y ffordd fawr hyd at y lôn oedd ei angen, yna rhedent bob cam, rhyw bedwar can llath, i gwrdd â'u cymar. Effaith fferemonau, mae'n debyg! Roedd hyn yn caniatáu digon o amser i ni ddilyn yn hamddenol. Yn fynych byddai rhywun ar y clos, ac wrth weld y fuwch yn rhedeg deallent ar unwaith beth oedd ei neges. Aent i nôl Samson o'i sièd, ac erbyn i ni gyrraedd gallai'r cwbl fod drosodd a'r fuwch yn barod i ddod adre'n dawel fach.

Wedi sefydlu'r Bwrdd Marchnata Llaeth yn 1936 disodlwyd y Shorthorn gan y fuwch Friesian, a oedd yn cynhyrchu mwy o laeth, ac yn 1944 ffarweliwyd â tharw'r 'Bull Society' am byth. Bu sefydlu'r Bwrdd Marchnata Llaeth yn help mawr i wella sefyllfa'r ffermwyr, y rheini oedd yn ddigon dewr i gymryd mantais o'r cynllun. Roedd gwerthu llaeth bob dydd yn golygu derbyn siec, taw faint ei gwerth, yn gyson bob mis. Yr oeddem ni ymhlith y rhai cyntaf i ymuno â'r fenter a chyda thair buwch yn unig. Credaf mai tua chwe cheiniog y galwyn oedd y tâl, ond credwch neu beidio roedd yn ffortiwn y pryd hynny. Un o amodau'r Bwrdd oedd fod rhaid cael ystafell arbennig i oeri'r llaeth yn y stên deg galwyn cyn ei gasglu.

Codwyd sièd fach chwe throedfedd sgwâr y tu allan i'r beudy i gadw tanc bach o ddŵr i rannol suddo'r stên ynddo. Byddai'r lorïau'n casglu'r stenau ac yn mynd â nhw i'r depo yng Nghastellnewydd lle câi'r llaeth ei archwilio, ac os byddai'n sur câi ei yrru'n ôl i'r ffermwr y diwrnod canlynol. Roedd hyn nid yn unig yn golled ariannol ond yn sarhad, gan mai bacteria'n gweithredu mewn tymheredd gweddol dwym fyddai'n gyfrifol am y surni. Er hynny, doedd fawr o syndod fod hyn yn digwydd oherwydd câi'r llaeth ei gorddi'n ddidrugaredd tra tramwyai'r lorïau ffyrdd a lonydd gwael y wlad. Eto i gyd, os gwelid stenau ar stand laeth ambell fferm yn hwyr y dydd a'r labeli arnynt o hyd, yna roedd y llaeth wedi ei ddanfon yn ôl oherwydd iddo suro. Âi'r newydd drwy'r pentref fel tân – llaeth brwnt ar fferm hwn a hwn!

Ychydig amser ar ôl i ni ddechrau gwerthu llaeth cafwyd llo bach yn anhwylus, a rhaid oedd ei wahanu oddi wrth y da eraill. Pa le gwell iddo na'r sièd oeri; roedd digon o le ynddi, a pha ddrwg a wnâi'r peth bach sâl? Ond gwae ni, oherwydd penderfynodd arolygwr y Bwrdd dalu ymweliad y diwrnod canlynol o bob amser. Trwy lwc gwelwyd ef yn dod at y tŷ a chawsom ddigon o amser i redeg allan a chuddio y tu ôl i glawdd yr ardd, o'r fan y gallem weld y tai mas. Aeth y gŵr bonheddig i mewn i'r oerdy a gweld y llo, ond heb weld yr wynebau euog yn llechu y tu ôl i'r clawdd. Ar ôl iddo adael aed ati ar unwaith i chwilio am gartref arall i'r llo a sgrwbio'r cyfan yn lân ar ei ôl. Cafodd yr arolygwr groeso cynnes ar ei ymweliad y diwrnod canlynol, ac yr oedd pob peth wrth ei fodd. Er mawr ryddhad, soniodd neb am y diwrnod cynt a chafwyd sgwrs ddiddorol dros gwpaned o de. Clywsom wedyn iddo gwrdd â'r un broblem mewn llawer i fferm. Dyna'r tro olaf i ni dorri'r un lleiaf o reolau'r Bwrdd!

Disgrifiodd un ffermwr ei fywyd yn ystod y tridegau fel 'lladd llygoden a'i bwyta'. Canlyniad hyn oedd i anifeiliaid mwyaf gwerthfawr y fferm gael y gofal gorau. Âi un ohonom allan i'r beudy bob nos i roi'r tair buwch yn eu gwely. Rhoddid pryd olaf y dydd iddynt, dŵr i'w yfed, a sicrhau eu bod yn gyfforddus am y nos. Yn fynych, wrth fynd i mewn i'r beudy'n cario lamp storm, clywn sŵn traed yn symud a sylweddoli mai llygod ffrengig oedd yno. Doedd dim llawer o steil yn yr hen feudy, ond rhaid cyfaddef ei fod yn gyfforddus – dipyn yn wahanol i'r adeiladau ffasiwn newydd sydd ar gael heddiw. Ar wahân i'r llygod mawr ni fuasai fawr o wahaniaeth gennyf dreulio noson oer, rewllyd yno. Yr oedd hi'n oer iawn yn fy ystafell wely, digon oer i rewi cynnwys y pot dan y gwely, tra oedd y beudy gyda gwres y da a digon o wellt glân yn demtasiwn fawr. Mae'n bosib fod y gweision a gysgai yn llofft stabal y ffermydd yn fwy cyfforddus a chynnes na'r meistri eu hunain.

Câi ein tair buwch ni eu sbwylo'n enbyd. Mam fyddai bob amser yn eu godro â llaw, gan sgwrsio â Seren, yr hynaf o'r tair, wrth wneud hynny. Roedd fy mam bob amser yn iach fel cricsen, ac ni welodd ddoctor am bron ddeng mlynedd ar hugain. Pan fu'n rhaid iddi ymorol am feddyg, roedd hynny o ganlyniad i ddamwain ddifrifol, y llwyddodd i wella ar ei hôl yn rhyfedd o dda, a hithau erbyn hynny yn ei saithdegau. Unwaith yn ei bywyd y cafodd ffliw a chynigiais innau odro yn ei lle – nid un o'm hoff orchwylion ond rhaid oedd ei wneud. Gwyddai Seren sut i gicio gyda'r gorau, a byddai'n rhaid i fy mam, hyd yn oed, glymu ei dwy goes ôl wrth ei godro. Gall neb ddychmygu'r amser ofnadwy a gefais i wrth ymdrechu. Ar ôl ymladdfa fawr i glymu'i thraed ôl, pallai â gadael ei llaeth i lawr wrth i mi dynnu ar y tethau pan gawn

gyfle i wneud hynny rhwng y cicio di-baid. Methiant llwyr fu
fy ymdrech, a Mam yn rhoi'r bai i gyd arna i. Cafodd ffrind i
mi syniad gwych pan oedd pethau ar fin mynd i'r pen a min-
nau'n fodlon rhoi prawf ar unrhyw beth o fewn rheswm. 'Beth
am wneud ffŵl o'r hen Seren a gwisgo dillad dy fam a threio
siarad yn debyg iddi?' oedd ei hawgrym.

Daeth yr awr dyngedfennol a gwisgais hen feret am fy
mhen i guddio fy wyneb i gyd bron, a hen ffedog gynfas i
guddio fy hanner isaf, a chlocs am fy nhraed; yna clocsio'n
drwm i gyhoeddi fod 'Mam' ar y ffordd i'r beudy. Gwisgais ei
sbectol a doedd hynny fawr o help i mi i weld beth oeddwn
yn ei wneud. Cefais y fraint o glymu coesau Seren heb ffw-
dan a bu rhyw fath o sgwrs rhyngom. Daeth y llaeth i'r bwced
hefyd yn ddigon cyflym i greu sgim. Fûm i erioed gystal
godrwraig â Mam, ond roedd hi wedi cael llawer mwy o
ymarfer na mi. Safai Seren yn ddigon tawel er taflu ambell
olwg amheus arnaf yn eistedd ar fy stôl fach, a rhoi ambell M-
ŵ-ŵ nawr ac yn y man i gadw'r drafodaeth yn fyw. Roedd
mewn ychydig o benbleth yn fy nghylch, ac yn falch o weld
fy mam yn ôl wedi gwella – ond ddim balchach nag oeddwn
i i ffarwelio â hi.

Fel arfer byddai'r da am y cyntaf i mewn i'r beudy i'w
godro, gan y gwyddent fod pryd o fwyd yn eu disgwyl yn y
preseb, sef 'Uveco', a 'Cake' ac weithiau dato ac erfin wedi eu
torri'n fân. Byddent bob amser yn pasio heibio'r lein ddillad
heb gymryd unrhyw sylw a oedd dillad arni neu beidio, ond
pan ddaeth modryb Nell adref ar ei gwyliau o Lundain, a'i
dillad yn sychu ar y lein gyda dillad eraill, âi un fuwch yn syth
at ei dillad a dechrau eu cnoi. Ni wnaed gormod o sylw o'r
digwyddiad ar y dechrau, ond ar ôl yr ail dro dechreuwyd
crafu pen a cheisio esboniad. Ni lwyddwyd i ddarganfod pam

oedd dillad Anti Nell mor flasus, a'r unig ateb oedd cadw ei dillad oddi ar y lein dros amser godro.

Un o'r achlysuron pwysicaf yn y calendr oedd y cynhaeaf gwair, a alwai am nifer mawr o bobl i helpu. Cyn yr Ail Ryfel Byd doedd dim sôn am fyrnau, a rhaid oedd dod â'r gwair i mewn i'r ydlan a'i roi yn y sièd wair. Cesglid y gwair yn y cae â rhaciau llaw – gwaith y gwragedd ran amlaf – yna ei godi â phicwarch a'i estyn i'r ceirt a dynnid gan geffylau. Byddai ambell wraig yn ddigon cryf i wneud hynny, ond gwaith y dynion ydoedd y rhan fwyaf o'r amser. Fel arfer codid y gwair gan bâr o ddynion i gael llanw'r cart mor gloi ag oedd bosib. Dilynai'r gwragedd gan grafu'r gwair oedd ar ôl at ei gilydd fel nad âi dim yn wastraff. Un person a lwythai'r cart, ond roedd angen dau i lwytho gambo. Dyma waith pwysig arall, sef rhoi cymaint o wair ar y cart ag oedd modd, ac ar yr un pryd gofalu fod cydbwysedd y llwyth yn gywir, rhag i ryw lanast ddigwydd pan fyddai'r ceffyl yn cael ei arwain dros dir garw iawn. Byddai sawl cart wrth waith, felly doedd dim amser sbâr yn yr ydlan na'r cae. Rhaid oedd cael rhywun, bachgen ifanc fel arfer, i arwain y ceffyl pôl, hynny yw i arwain ceffyl yn ôl ac ymlaen i lywio'r pigau mecanyddol a godai'r gwair oddi ar y cart a'i gario lan i dop y sièd, yna ei symud ymlaen i'w ollwng lle roedd ei angen. Byddai nifer o bobl yn y sièd yn derbyn y gwair i wneud tas – gwaith ag angen sgìl arbennig – a dewisid un neu ddau o rai profiadol i'w chyflawni ac i arwain nifer o'r lleill, a allai gynnwys gwragedd.

Ar adegau byddai'r bachgen a arweiniai'r ceffyl pôl yn mynd ar streic, wedi blino'n lân ac wedi cael llond bol. Dyma adeg anodd a byddai angen llawer o berswâd ac ambell gildwrn i gael y crwt i gario 'mlaen â'r gwaith, ond weithiau ni fyddai dim yn tycio. Gallai'r caeau fod ymhell o'r fferm a'r ydlan, a chymerai amser maith i ddod â'r llwyth adre. Clywais am un ffermwr mawreddog yn gorchymyn i'w weithwyr beidio â chario llwythi mawr, gan ddweud fel esgus y byddai'n arbed ar y ceffylau. Gwyddai pawb beth oedd ei wir fwriad, sef cael cyfle i frolio yn y dafarn pa sawl llwyth a gafwyd yn y cae a'r cae a oedd hyn a hyn o aceri, er mwyn ceisio profi cystal oedd y cnwd. Wrth gwrs, gwyddai pawb hefyd mai ef oedd ffermwr gwaelaf yr ardal!

Y bwyd oedd y rhan orau o'r diwrnod trin gwair, a byddem ni'r plant bob amser yn chwilio am rywbeth i'w wneud er mwyn cael ein talu â phryd da o fwyd. I de caem fara menyn brown a gwyn, gyda chaws, picau bach a theisen ffrwythau. I swper caem frechdanau – rhai cig ran amlaf – tato newydd a'r rheini'n dwym, caws a nifer o wahanol fathau o gacennau. Mae'n debyg fod y gwŷr yn hoff iawn o darten 'falau ac fe'u ceid ar amryw ffermydd. Cofiaf yn dda fel byddai Mam yn gofalu bod ein bwyd ni cystal â bwyd y gwragedd ffermydd gorau, er mai bach iawn oedd y das wair yn yr ydlan. Gwnaed y te mewn stên a chaead arni. Dim ond ar adegau pwysig ar y fferm y câi ddod i lawr o'r trawst lle hongiai, yn sgleinio'n hyfryd ar bwys y cig moch. Proses gymhleth oedd gwneud te blasus i gynifer. Wedi cael gwybod faint oedd yn bresennol rhaid oedd amcangyfrif sawl llwyaid o de i'w rhoi mewn cwdyn mwslin, ei glymu â chortyn hir a'i ollwng i'r stên ac yna ychwanegu'r dŵr berw. Wedi aros digon i'r te i fwrw ei ffrwyth tynnid y cwdyn allan ac ychwanegu llaeth a siwgr. Faint o siwgr, oedd y cwestiwn mawr. Gwneid amcangyfrif a gofalu peidio rhoi gormod i mewn ar y dechrau. Wedi troi'r cyfan yn dda roedd yn bryd cael sesiwn tasto, gan ofyn barn unrhyw un oedd o fewn galw i gymryd rhan yn yr arbrawf. Yna wedi gwrando ar sawl barn deuent i ryw gytundeb ac roedd y te bob amser yn werth ei yfed. Doedd fawr o sôn y dyddiau hynny am bobl nad oedd yn cymryd llaeth neu siwgr, neu'r ddau; roeddem yn dra diolchgar am unrhyw beth blasus. Os digwyddai unrhyw un fod yn wahanol, a phrin oedd y rhai hynny, disgwylid iddynt fynd i weld gwraig y tŷ ar ôl cyrraedd i egluro'r broblem.

Roedd y cynhaeaf llafur yn un adeg brysur arall i'r ffermwr. Tyfai'r rhan fwyaf geirch gan fod yr hinsawdd yn rhy wlyb i wenith a barlys. Yn y dyddiau cynnar torrid y ceirch â phladur; y gweithwyr yn dechrau gyda'r wawr ac yn parhau hyd yr hwyrnos, tra byddai'r tywydd yn ffein. Gwelliant mawr oedd dyfodiad y peiriant torri llafur, oherwydd rhwymai hwnnw'r ysgubau hefyd. Câi ei ddilyn gan nifer o weithwyr yn codi'r ysgubau o'r llawr ac yn rhoi pedair i sefyll yn erbyn ei gilydd, eu gwaelodion yn sefyll allan a'u brig yn dynn yn ei gilydd; pwrpas hyn oedd rhoi cyfle iddynt sychu. Gelwid y broses hon yn stacano. Dilynid hyn gan y broses o sopino, pan gesglid hanner cant o'r ysgubau ynghyd, a gwaith i ni'r plant oedd hyn. Yna gwneid helmydd bychain o bob hanner can ysgub, gwaith cywrain iawn gan fod yn rhaid i bob helem fod yn ddiddos y tu mewn a'r dŵr glaw yn rhedeg oddi ar yr ysgubau a oedd y tu allan. Haws oedd i'r rhain sychu pan wenai'r haul ac y chwythai'r awel ar adeg tywydd teg. Ar ôl sbel o dywydd sych symudid yr ysgubau a'u carto'n agosach i'r ffermdy i wneud helem go iawn, i'w thoi gan döwr profiadol. Roedd angen chwe llond gambo o ysgubau i wneud un helem, a byddai nifer o'r rhain i'w gweld ar ffermydd cyffredin. Yn hwyrach yn yr hydref dôi peiriant oddi amgylch y ffermydd i ddyrnu, hynny yw, i wahanu'r grawn oddi wrth y gwellt. Dyrnid hanner yr helmydd yn yr hydref a'r hanner arall y gwanwyn canlynol.

Disgwylid i bob ffermwr a âi i helpu yn y gwanwyn fynd

â'i gi gydag ef, oherwydd erbyn hynny byddai'r llygod wedi crynhoi ac wedi treulio'r gaeaf oer yn gysurus iawn yn yr helmydd. Wrth ddymchwel y rhain, drwy daflu'r ysgubau i'r dyrnwr, byddai'r llygod yn cael ofn ac yn rhedeg yn wyllt ar hyd y lle i gyd, ond ni chymerai fawr o amser i'r cŵn stumogus gael gwared arnynt oll. Wrth gwrs, ni fyddai'r ffermwyr wedi bwydo'r cŵn y bore hwnnw. Clywais un yn dweud i ddeg ar hugain o lygod ddod allan o un helem.

Tipyn yn wahanol oedd y bwyd amser dyrnu i'r hyn a geid amser y cynhaeaf gwair. Nid oedd cymaint o bobl i'w bwydo, ac fel arfer dim ond un pryd oedd ei angen gan fod brys ar y dyrnwr i orffen y gwaith cyn gynted â phosib er mwyn cael symud ymlaen i'r fferm nesaf. Gan fod yr helmydd yn agos i'r clos a heb fod nepell o'r ffermdy, a'r tywydd hytrach yn oer, haws oedd paratoi a gosod pryd o fwyd poeth yn rŵm ford y ffermdy. Cofiaf un o'r gweision ar fferm gyfagos, Alfred Elms, Sais ifanc o un o gartrefi Barnardo, yn adrodd stori am ymddygiad un ffermwr wrth y ford fwyd adeg dyrnu. Cafwyd pryd hyfryd o fwyd a oedd yn cynnwys cig eidion, dau wahanol fath o lysiau a grefi, a phwdin reis i ddilyn. Rhoddodd y wraig y pwdin reis o flaen pawb yr un pryd â'r plât cinio a chafodd William Evans gyfle i drosglwyddo ei reis i'r plât bwyd a chymysgu'r cyfan yng ngwydd pawb. Synnodd hyn Alfred, gan iddo ddysgu sut i ymddwyn wrth y ford fwyd yn y cartref. Ddywedodd neb air wrth y ford ond yr oedd nifer o lygaid yn edrych i gyfeiriad Wil Evans, a bu llawer o glebran ar ôl hyn, yn enwedig gan fod Evans y Gelli, a oedd wedi symud i'r ardal yn gymharol ddiweddar, yn ei gyfrif ei hun yn ŵr pwysig. Siaradai Saesneg yn hytrach na Chymraeg gyda phobl broffesiynol, megis prifathro'r pentref, neu unrhyw un arall y tybiai ei fod yn bwysig. Trueni mawr gan hynny fod ei Saesneg mor wael. Cofiaf ef yn rhoi araith gyhoeddus unwaith yn ystod y rhyfel ac yn traethu'n huawdl am ran yr 'Admirality' yn trechu'r gelyn 'Hilter'.

Mae llawer o siarad gan ffermwyr heddiw am arallgyfeirio fel pe bai'n rhywbeth newydd. Yn yr hen ddyddiau rhaid oedd i'r ffermwr a'i wraig weithgar droi llaw at nifer o weithgaredd-au i geisio cael dau ben llinyn ynghyd. Os byddai'r biliau wedi mynd yn drech, yna gobeithient fod llo neu fochyn yn barod i'w werthu. Cofiai Mam am yr hen arfer o wneud menyn, a'i roi mewn crochan sylweddol, unwaith yr wythnos hyd nes ei lanw. Aed ag ef i dafarn arbennig yn y dref lle byddai prynwyr o bell yn dod yn awr ac yn y man. Byddent yn asesu safon y menyn drwy dyllu lawr i waelod y crochan, edrych ar beth oedd yno ac yna talu fel y mynnent. Os nad oeddent yn bles â'r pris, dyna fe, dim gwerthiant. Nid oedd gan y ffermwr druan yr un cyfle i ddatgan ei farn na dadlau ei achos. Roedd yn bwysig fod y menyn o'r un ansawdd a'r un lliw drwy'r crochan, a dyna, mae'n debyg, oedd yn penderfynu'r pris.

Telid y rhan fwyaf o gyflog gweision ffermydd mewn bwyd yn hytrach nag arian. Roedd byw yn agos i'r môr yn fendith gan fod sgadan yn rhad iawn pan oedd digon ar gael, a gellid eu halltu i'w cadw gogyfer ag adeg o brinder. Defnyddid llaw-er o driciau mewn ymgais i gael gwell pris am y cynnyrch. Yr arferiad oedd gwerthu moch yn y farchnad yn syth o'r cart y cludwyd hwynt ynddo. Edrychai moch bach yn fwy o faint o lawer mewn cart ag ochrau isel iddo. Os nad oedd un addas ar gael gan ffermwr, hawdd oedd cael benthyg un gan un o'i gymdogion. Rhaid oedd golchi'r moch yn lân a rhoi haenen dew o wellt glân ar waelod y cart ac yna i mewn â hwy gan obeithio am y pris gorau.

Y dyddiau hyn rhoir llawer o bwyslais ar gig ffres yn

hytrach na chig wedi ei halltu, ond dyma oedd ein holl fwyd beunyddiol ar wahân i ambell gwningen a'r moethusrwydd o gael cig ffres i ginio bob Sul. Un o'r achlysuron blynyddol oedd lladd y mochyn, gan fod gan y rhan fwyaf o'r cartrefi dwlc mochyn yn ychwanegol at y tŷ bach lawr yng ngwaelod yr ardd. Prynent yr anifail cyn gynted ag y gadawai sugno ei fam a phan fyddai tua phum sgôr o bwysau. Adeilad tua wyth llathen sgwâr oedd y twlc gyda naill ai llechi neu sinc yn do iddo ac agoriad yn arwain i iard benagored, lai o faint, a drws cryf yn agor i'r tu allan. Prif fwyd y mochyn oedd golchan a blawd barlys, ac yn ychwanegol unrhyw beth y gallasai ei stumog ei dreulio er mwyn ei dewhau cyn gynted â phosib, megis tato sbâr wedi eu berwi. Yr oedd yn rhatach i brynu hwch na baedd wedi ei sbaddu, ond gallai fod yn eitem ddrutach yn y pen draw. Cedwid y mochyn gan rai nes cyrhaeddai cymaint ag ugain sgôr o bwysau, a châi drafferth i ddod allan trwy'r agoriad i'r iard tu allan. Rhaid oedd gofalu na thyfai'n rhy fawr i hynny. Gallai hwch fod yn wyllt a chas pan fyddai'n boeth unwaith y mis, a rhaid fyddai gofalu fod drws y twlc yn saff. Credai ambell un mewn gwylad trwy'r nos ar yr adeg pan fyddai dydd y lladd yn agosáu, rhag ofn colli anifail mor werthfawr. Y pryder arall oedd y byddai'r anifail, oherwydd ei bwysau trwm, yn cwympo ac yn torri ei goes, ac y byddai'n amhosibl dod o hyd i fwtsiwr i'w ladd ar unwaith. Roedd dyddiad y diwrnod lladd yn bwysig iawn hefyd, yn enwedig os mai hwch oedd i'w lladd, gan y credid na fyddai'r cig yn halltu os oedd yr anifail yn boeth ar y dydd. Ar ben hynny, yr oedd cred na ddylid lladd mochyn pan oedd y lleuad ar ei gwendid.

Y mae diwrnod lladd mochyn ymhlith atgofion mwyaf erchyll fy mhlentyndod. Digwyddai hyn unwaith y flwyddyn, gan amlaf ychydig cyn y Nadolig. Dechreuid paratoi gyda'r wawr wrth gynnau tân dan y pair a oedd eisoes wedi ei lenwi â dŵr oer. Safai'r pair wrth y wal tu fas i'r gegin fach, wedi ei sicrhau yno â cherrig a sment. Rhaid oedd i'r dŵr ferwi erbyn i'r bwtsiwr gyrraedd am ddeg o'r gloch. Dyma derfyn ar oes y mochyn a gafodd y fath ofal yn ystod ei fywyd byr. Dwn i ddim beth a ddigwyddai'n iawn gan y byddwn wedi fy anfon i dŷ ffrind cryn bellter i ffwrdd. Pan ddychwelwn i ginio, gwyddwn fod yr anfadwaith drosodd wrth glywed gwynt afu yn ffrio'n braf ar y tân.

Erbyn hyn byddai'r mochyn druan yn hongian wrth ysgol yn erbyn wal gefn y tŷ, ond heb gynhwysion o'i fewn. Dôi Ben y bwtsiwr yn ôl yn hwyrach yn y dydd, wedi i'r cig oeri, i dorri'r cyfan yn dameidiau pwrpasol: dwy ham ôl, dwy ham flaen, dwy ochr a gên. Nawr yr oedd y gwaith anodd yn dechrau, sef halltu'r cig. Byddai Mam yn rhoi'r cyfan ar lechen a oedd yn rhan o'r gegin fach, ac yna'n rhwbio'r croen â sol-pitar i ddechrau, ac yna halen hyd nes byddai'n troi'n ddŵr. Wedi troi'r cyfan o chwith a'r croen at y llechen, rhaid oedd rhoi halen i guddio'r cig a gofalu fod peth ohono ym mhob twll a chornel. Torrid ymaith unrhyw wythiennau a oedd i'w gweld rhag ofn iddynt fethu halltu, ac roedd angen gofal mawr ar y cig oddi amgylch yr esgyrn hefyd. Gwnaeth yr halen lawer o ddrwg i nifer o dai, oherwydd achosai i'r plastar friw-sioni a syrthio i ffwrdd o'r wal. Gwelir yr effaith mewn rhai hen dai hyd heddiw gyda'r welydd yn llaith ac yn methu dal papur, ac weithiau fawr gwell ar ôl eu hailblastro, gan fod yr heli wedi treiddio mor ddwfn i'r cerrig. Defnyddiai'r bobl gefnog noe i ddal y cig, sef twba mawr pren yn dal dŵr ac yn cadw'r cig oddi wrth y welydd. Rhaid oedd edrych ar y cig bob dydd a newid yr halen bob tridiau. Byddai'r ochrau'n

barod i'w hongian o dan y trawstiau ymhen deng niwrnod,
ond ni fyddai'r hamiau yn barod am dair wythnos. Doeth oedd
rhoi papur saim o dan y cig oedd yn hongian rhag ofn i'r heli
gwlyb syrthio i'r llawr neu ddisgyn ar ben rhywun fyddai'n
cerdded heibio ar ddiwrnod poeth a gwlyb.

Rhoddid yr hyn oedd yn weddill o'r mochyn mewn twba
sinc yn barod i'w ddidoli. Gan nad oedd oergell ar gael, ni
chadwai'r organau'n ffres yn hir iawn, felly rhaid oedd gweith-
redu ar unwaith. Yr arfer oedd rhannu'r cig mân ymhlith
perthnasau a ffrindiau gan ddisgwyl y byddai talu'r pwyth pan
fyddent hwy yn lladd mochyn. Efallai nad oedd angen
rhewgell y pryd hynny gan nad oedd fawr o wres yn dod o
dân y gegin fach, a hyd yn oed yn y gegin – y lolfa heddiw –
doedd hi ddim yn dwym iawn. Cofiaf ddarllen y thermomedr
a hongiai ynghyd â'r baromedr ar y wal yr ochr arall i'r tân
mawr yn y grât a hwnnw'n dangos gwres o 60°F. Byddem yn
bwyta cymaint a oedd yn bosib o'r mochyn ein hunain, ac yn
cael ei gig ryw ffordd neu'i gilydd bob pryd yn ystod y
pythefnos yn dilyn y lladd. Roedd y *fry* yn flasus dros ben; *fil-
let* y gelwir hi heddiw, ac mae'n ddrud iawn. Cedwid y siôl a
amgylchynai'r afu gogyfer â'i thorri i fyny i gynnwys y ffagod-
au, a wnaed o ran o'r afu, ychydig o'r cig mân, briwsion bara
a wynwns. Helltid yr ên a'i thrafod fel un o ochrau'r mochyn.
Cedwid y traed a'r pen mewn dŵr hallt am ryw dridiau, yna
golchi'r cyfan yn dda a'u berwi hyd nes bod y cig yn ymadael
â'r esgyrn. Teflid y dŵr i ffwrdd, a chyda dwylo wedi eu sgrw-
bio'n lân rhaid oedd tynnu pob tamaid o asgwrn i ffwrdd,
hefyd y croen a'r gwythi, yna gwasgu'r cynhwysion yn swps,
ac ychwanegu pupur, halen a saets. Llenwid basinau â'r
cymysgedd, a rhoi papur saim a phwysau trwm ar ben pob
basin i gael *brawn* o'r safon uchaf. Tasg anodd oedd cael

canlyniad perffaith i'r broses hon, a gwyddai pawb yn yr ardal pa wraig oedd yn gamster ar y gwaith a pha un oedd yn fethiant.

Y gwaith arall yr ymgymerid ag ef gan ambell un fel fy mam a minnau oedd glanhau'r perfedd i wneud *chittlings* o'r perfedd mawr, a chroen gogyfer â gwneud selsig o'r un main. Allan yn y cae oedd y lle gorau at y job, gan greu ffrwd o ddŵr yn y nant. Yna torri'r perfedd mawr yn dameidiau o ryw chwe modfedd o hyd, gwasgu eu cynnwys allan a'u troi o chwith, eu golchi'n lân a'u sgrwbio gan adael i'r budreddi fynd gyda'r llif. Rhoid y cyfan wedyn yn wlych mewn bwcedaid o ddŵr glân a halen. Mewn ychydig ddyddiau byddai'r perfeddion yn barod i'w golchi eto a'u berwi mewn dŵr am amser hir ac yna eu torri'n dameidiau bychain yn barod i'w ffrio gyda wynwns, a chael pryd o fwyd hyfryd, gyda digon o fara a menyn cartref. Cymerid rhan o'r ugain troedfedd o berfedd main gan arllwys y gwlyborwch oedd ynddo i ffwrdd, ac yna ei grafu'n galed â chyllell ar fwrdd pren i gael gwared â'r 'leinis' gan adael croen tryloyw. Roedd hwn yn addas i'w lanw â chynhwysion o gig rhydd ac unrhyw dameidiau a ddôi o drimio'r hamiau cyn eu halltu, a briwsion bara a saets wedi eu cymysgu er mwyn gwneud selsig. Roedd hyn oll yn waith caled ond roedd y canlyniad mor flasus fel ei fod yn werth yr ymdrech.

Roedd y tafod ar ôl o hyd, a hwnnw eto mewn bwced arall yn mwydo mewn dŵr a halen. Yna câi ei ferwi am hydoedd mewn dŵr glân. Byddai'n barod pan ddôi'r croen bant yn ddiffwdan. Plygid ef i ffitio basin gweddol fawr gan arllwys yr hylif y'i berwyd ynddo i lanw'r mannau gwag. Wrth oeri troai hwn yn jeli. Roedd tipyn gwell blas arno na'r tafod a geir yn y siopau heddiw. Yr unig beth ar ôl fyddai'r saim; dwy haenen drwchus wedi eu tynnu i ffwrdd o'r ochrau. Toddid y rhain a llenwid jariau pridd â'r lard gwlyb. Wedi'i oeri a'i hulio, dyma fyddai'r saim a ddefnyddid i goginio yn ystod y flwyddyn; defnyddid braster o gig gwyn y mochyn er mwyn ffrio.

Cofiaf yn dda Anti Sarah yn dweud amdanaf i, 'Bydd yn syndod mawr 'da fi os na fydd y plentyn 'ma'n cael trwbwl gyda'i stumog ryw ddiwrnod gyda'r holl gig seimllyd a phicls mae'n fwyta.' Gwaetha'r modd, daeth y broffwydoliaeth yn wir ac nid yw saim a phicls ar fy mwydlen heddiw.

Rhaid oedd cadw llygad barcud ar yr hamiau yn hongian o'r nenfwd i weld a oeddynt wedi halltu'n llwyddiannus. Roedd yn anodd iawn sylwi ar y broblem mewn pryd, felly os oedd unrhyw amheuaeth, i lawr â'r ham, a'r lle cyntaf i'w arch-wilio oedd y cig oddi amgylch yr asgwrn. Os oedd yna ddrwg, edrychai'r cig yn goch llachar, aroglai'n gas, ac wrth dwrio'n ddwfn ceid gafael yn y cynrhon. Gellid achub yr ham, o'i dal mewn pryd, drwy ei thorri i fyny'n ddarnau a gwneud i ffwrdd â'r rhan oedd wedi ei ddifetha. O esgeuluso gwneud archwiliad cyson a manwl roedd yn bosib mai'r arwydd cyntaf fod rhywbeth o'i le fyddai gweld croen brown tryloyw y cyn-rhon ar y llawr o dan y cig, ac erbyn hynny byddai'n rhy hwyr i achub yr ham. Sarhad enbyd ar wraig y tŷ fyddai hynny.

Clywais stori am ddau hen frawd yn nhafarn y New Inn, wedi cael diferyn yn ormod, yn dadlau ynghylch rhinweddau eu gwragedd. Wedi i un ohonynt redeg allan o ragoriaethau dyma fe'n dweud, 'Rwy'n siŵr na chas Annie chi afael mewn cymaint o gynrhon yn ei ham ag a gafodd Jane ni.' Ar ôl pregeth a hanner gan Jane ni welwyd Dai Pen-las yn New Inn nac unrhyw dafarn arall ar ôl hyn, a diweddodd ei oes yn ŵr parchus iawn yn eistedd yn sêt fawr y Methodistiaid!

Mae'r moch heddiw yn cael powdwr llynger, ond yn yr hen amser doedd dim sôn am y fath beth a cheid y perfedd yn llawn o lynger. Roedd modd iddynt heintio pobl, gan fod yr wyau'n gallu treiddio i'r cig; i mi, canlyniad bwyta bacwn yn rhy helaeth oedd cael gwared ar lyngeren fawr tua throedfedd o hyd pan oeddwn yn wyth oed.

Bu cadw ffowls yn ffordd arall o wneud ceiniog ychwanegol hyd yn ddiweddar iawn. Cyfnod arbennig oedd adeg y Nadolig pan werthid yr adar a baratowyd yn y ffair Nadolig leol. Achlysur pwysig oedd diwrnod plufio, a rhaid oedd i gymdogion gytuno ymysg ei gilydd eu bod oll yn ei wneud ar wahanol adegau, gan roi cyfle iddynt helpu ei gilydd. Ambell waith rhaid oedd plufio drwy'r nos gan nad oedd oergelloedd ar gael, a disgwylid i'r adar fod yn ffres ddydd y ffair.

'Nôl yn y tridegau cadwai un lle bach ffowls i'w lladd a'u gwerthu yn barod i'w coginio trwy'r flwyddyn. Dôi'r trafaeliwr i'w casglu, a rhoi ordrs am yr wythnos ganlynol. Roedd ganddynt fab ychydig yn araf ei feddwl a dreuliai ei holl ddyddiau'n plufio'r ffowls. Daeth yn arbenigwr ar y gwaith yn gyflym iawn ac ni fyddai byth yn rhico'r croen. Pan âi i helpu ei gymdogion adeg y Nadolig doedd neb mor gyflym nac mor effeithiol ag ef. Dechreuodd un wraig fferm, wrth ei weld mor ddidaro gyda'i hadar, lefain a begian arno, 'Dai bach, bydd yn ofalus, er mwyn y nefoedd paid torri'r croen, neu chawn ni byth wared arnyn nhw, a beth wnawn ni wedyn?' Wnaeth Dai ddim ond gwenu arni a chario 'mlaen yn ei ffordd fach ei hun a chyflwyno ffowls wedi eu plufio'n berffaith. Dai oedd yr arbenigwr! Rhaid cyfaddef fod ambell un yn rhagori yn y gwaith, ac ambell un mor wael yn torri'r croen fel na châi byth wahoddiad i ymuno â'r tîm plufio eto. Dyna beth oedd sarhad.

Gwaith fy mam bob amser oedd 'agor' a chael yr adar yn barod i'r farchnad, a hynny ar y ffermydd cyfagos i gyd. Pan gyrhaeddais fy arddegau diweddar ymunais â hi, wedi imi fod ar gwrs dan nawdd y Clwb Ffermwyr Ifainc lleol i ddysgu'r grefft. Diolch byth mai dim ond ar adeg Nadolig pan oeddwn gartref ar fy ngwyliau y byddai disgwyl i mi agor ffowls, achos ar ôl sawl diwrnod wrth y gwaith byddai fy nwylo wedi chwyddo ac yn gytiau i gyd – canlyniad i glymu'r adar, a'r holl saim.

Cafodd fy mam a mi Nadolig digon hunllefus un tro yn sgil y gwaith hwn. Galwai Cochyn y postman ar ddydd Nadolig, a oedd yn hyfryd iawn i ni, ond nid iddo fe. Roedd ein hwyaden ni'n rhostio'n hapus yn y ffwrn pan alwodd. Disgwyliem wên a chyfarchion, ond na, dim o'r fath beth. Yn hollol i'r gwrthwyneb. Gofynnodd Mam iddo, 'Beth sy'n dy boeni di heddi?' Daeth yr ateb ar unwaith: 'Beth ti'n ddisgwl, a'th *wifey* bach i stwffo'r ŵydd ddo, a ti'n gwbod beth, ro'dd yr *insides* ar ôl o hyd, y *puddlings* i gyd, a ti'n gweld, sta ni ddim byd i gino heddi.' Dyma un arall o'r Saeson a ddaeth o gartref plant yn Lloegr ac a wnaeth ymgais i ddysgu'r Gymraeg. Yr oeddynt wedi prynu'r ŵydd yn un o'r ffermydd lle y bu Mam a minnau'n gwneud yr 'agor'. Doedd gennym ddim ateb. Roeddem wedi delio â chymaint o adar ar wahanol ffermydd fel bod un camgymeriad yn anorfod. Teimlem yn flin iawn a chynigiasom ein hwyaden ni iddo. 'Beth ti'n feddwl, hwyaden wir; reit *insult*, ma *wifey* bach a fi isho gŵydd neu *nothin at all*,' oedd ei ateb parod. Dim ond ef a'i wraig oedd i fwyta'r ŵydd, ta beth. Yr oedd ar ei ffordd i'r fferm lle prynodd yr ŵydd er mwyn gweld beth y bwriadent ei wneud ynghylch y mater. Cawsom ni ginio diflas iawn yn dychmygu pob math o stormydd enbyd yn ein disgwyl.

Dim ond y ffaith na allwn adael i fy mam gymryd y bai i gyd a'm rhwystrodd rhag dianc ar y trên nesaf ac anghofio am weddill fy ngwyliau. Yn bur gynnar ar fore Gŵyl San Steffan penderfynom mai gwell oedd wynebu'r storm cyn gynted â phosib, felly bant â ni i Nant-blaen. Fe'n synnwyd yn fawr o gael Gwen y wraig mor serchog ag erioed, achos disgwyliem gerydd didrugaredd. Daeth fy mam at y pwynt ar unwaith, gan nad oedd unrhyw fantais oedi'n hwy. 'O, Cochyn a'i ddwli, yr hen ffŵl dwl,' oedd yr ateb. Ei hymateb hi i'r gŵyn oedd cynnig i Cochyn a'i wraig ddod draw i ginio atynt hwy a dod 'nôl â'r ŵydd, yna caent eu digolledu'n ariannol. Ni welwyd y ddau i ginio, ond daethant yn hwyr nos Nadolig heb yr ŵydd. Pan gyrhaeddodd Cochyn adref wedi gorffen â'r post roedd cinio hyfryd yn ei ddisgwyl. Mae'n debyg nad oedd Leisa'r wraig wedi rhoi ei llaw yr holl ffordd i mewn i'r ŵydd y diwrnod cynt, ond wedi teimlo rhywbeth yno penderfynodd nad oedd wedi ei hagor yn iawn. Ar ddydd Nadolig ar ôl i'w gŵr fynd i'r gwaith gwnaeth ymgais arall, fwy trwyadl y tro hwn, a deall mae'r *giblets* oedd y tu mewn i'r ŵydd. Dyna lle y'm dysgwyd i'w gadael. Dyna beth oedd rhyddhad! Roedd mwy o flas ar ginio Gŵyl San Steffan nac ar un y Nadolig!

Tra oeddwn yn mynychu'r ysgol elfennol fe ymunais i a disgyblion eraill yr ysgol â Chlwb Ffermwyr Ifainc, mudiad a ddaeth yn boblogaidd iawn yn y cyfnod hwnnw. Caem ein dysgu mewn llawer maes yn ymwneud â ffermio. Bob prynhawn dydd Gwener byddai Mr Powell, Trefnydd Dofednod y Sir, yn ymweld â'r ysgol. Roedd yn berchen Tystysgrif Genedlaethol mewn Dofednod, N.D.P., cymhwyster na chlywn ni fawr amdano'r dyddiau hyn. Dôi â hanner dwsin o ieir mewn bobo gaets a'u rhoi ar ben y desgiau yn y rŵm mawr. Yno caem ein dysgu sut i farnu'r ieir a beth oedd y pwyntiau i edrych amdanynt mewn aderyn da.

Fel rhan o'r gwersi rhoddwyd chwe chywennen yr un i ni – Leghorn du ar fin dodwy. Rhaid oedd i ni baratoi cwt arbennig iddynt, felly aethpwyd ati i lanhau hen sièd, gofalu ei

bod yn ddiddos, ac yna gwyngalchu'r tu mewn i gadw'r hein-
tiau bant; yn olaf ychwanegwyd nythod i ddal yr wyau. Tu
allan yr oedd tamaid o dir a ffens oddi amgylch i sicrhau bod
yr wyau'n *free range*. Roedd y prosiect yn un gwyddonol, a
châi'r cyfan ei gofnodi, megis faint o bwysau o fwyd a
fwytaent bob dydd a faint oedd y gost, yna nifer yr wyau ar ôl
iddynt ddechrau dodwy. Ni fu pethau'n dda iawn ar y dechrau
yn ein tŷ ni. Ar ôl rhai dyddiau roedd yr ieir fel petaent yn
methu anadlu, yn enwedig y peth cynaf yn y bore. Mae ffowls
yn dioddef o glefyd a elwir yn *gapes* sydd â symptomau tebyg
i'r rhain. Dyma ddechrau panic a galw am help Mr Powell.
Deallodd ar unwaith beth oedd y broblem. Mae'n debyg i'r
holl galch a ddefnyddiwyd i wyngalchu tu mewn y sièd effei-
thio ar anadlu'r ieir. Ar ôl crafu a golchi welydd y sièd
gwellodd yr adar ar unwaith a dechrau dodwy'n fuan iawn.

Dysgwyd ni hefyd sut i farnu stoc, ac o ganlyniad disgwylid
i ni fynd oddi amgylch sioeau'r wlad i gystadlu ar hwnnw yn
ychwanegol at farnu ffowls. Enillodd tîm o'r pentref gys-
tadleuaeth yn Sioe Laeth Olympia unwaith, a bu ffrind i mi'n
aelod o dîm yn cynrychioli Cymru mewn cystadleuaeth barnu
ieir yn Iwerddon, a minnau wrth gefn. Dim ond pedair ar
ddeg oed oeddwn ar y pryd ac o edrych yn ôl roedd yn ymar-
fer da. Cawsom ein dysgu'n drylwyr sut i adnabod buwch dda;
er hynny, credem mai'r peth pwysicaf oedd faint o laeth oedd
yn y bwced ar ôl ei godro. Deuthum ar draws pamffled y dydd
o'r blaen, *Stock Judging Points in a Dairy Cow*. Rhaid oedd dys-
gu'r cyfan cyn mynd i gystadlu; ei ddeall, a defnyddio'r
wybodaeth i osod pedair buwch yn yr un drefn â'r beirniad.
Yn y sioeau mawr byddai'n rhaid i ni egluro dros y meicro-
ffon y rhesymau dros ein penderfyniad.

Stock Judging Points – Dairy Cow

1   HEAD, feminine in character, long and finely cut.

a)   horns – curving slightly inwards and of nice quality – small in size.

b)   forehead – broad, eyes large and prominent – of gentle expression.

c)   nostrils – wide and expansive.

d)   nose – clean, no darkness.

2   NECK, lean but not weak.

3   WITHERS, not too wide.

4   SHOULDERS, flat and sloping.

5   CHEST, broad and deep, not running light at girth.

6   BARREL, deep with well sprung ribs.

7   BACK, broad over loins and coming to a point at the shoulder, forming a wedge shape, the top line to be straight from tail to withers.

8   HIPS, wide apart and light in bone.

9   RUMP, long, broad and level with tail, fine and neatly set in.

10   HIND QUARTERS, wide not too fleshy.

11   UDDER, well carried – not hanging loose and swinging (not pendulous), thin skinned, not fleshy nor split up between quarters. Udder should extend well forward in a line with the belly and extending high up towards the tail end (avoid pocket in hind bag).

a)   Teats, of good even size and quality, squarely placed and wide apart (Avoid bottle teats).

b)   Milk veins, tortuous and plain.

12 SKIN, thin, mellow and flexible to the touch.

13 FLESH, level and even, not showing any signs of beef on any part.

14 CARRIAGE AND ACTION IN WALKING, smart and gay looking.

15 GENERAL APPEARANCE, symmetrical, combining size with scope.

Percentage of Maximum Marks suggested for these points.

Head and neck 10
Shoulders 10
Back, loins & ribs 20
Hind quarters and tail setting 10
Udder, teats and milk veins 30
General appearance viz: type,
size, colour, bloom, etc. 20
Total 100

Roedd hyn oll cyn sôn am wneud i ffwrdd â chyrn y gwartheg.

Er i mi gael fy magu yn y wlad gydag anifeiliaid, rhaid i mi gyfaddef 'mod i'n ofni ambell anifail. Er pan own i'n fach bu gennyf barchedig ofn o geffylau, yn arbennig ceffylau gwedd. Roedd fy nghartref gerllaw efail y gof, a threuliais fy mhlen-tyndod yn chwarae gydag ŵyr y gof, Dai'r Efel, a oedd yr un oed â mi ac yn byw gyda'i dad-cu. Pan fyddai un o'r ceffylau mawr yn cael ei bedoli caem y dewis o naill ai fynd allan cyn dechrau neu aros o fewn yr efail trwy gydol y gwaith. Unwaith y gwneid y penderfyniad doedd dim newid wedyn achos caeid y drysau mawrion. Teimlaf o hyd ryw syndod mawr at faint ceffyl gwedd, oherwydd llanwent yr efail, er nad oeddent yn edrych mor fawr pan fyddent allan yn y cae. Chwythai Dai a minnau'r fegin, un bob ochr y tân, i'w gadw'n fyw. Rhoddai'r gof y bedol yn y tân hyd nes byddai'n goch dwym ac yna gallai ei churo ar yr eingion i'r siâp iawn. Wedyn ei chuddio â dŵr oer mewn cafn bas, a'i ffitio ar droed yr anifail. Byddai sŵn hisian uchel wrth i'r bedol gwrdd â'r dŵr, a llenwid yr efail â mwg. Credid yn gryf fod y dŵr yma'n dda i ladd dafadennau a geid yn tyfu ar groen ambell i berson, a dôi nifer o bobl i nôl potelaid ohono. Tra byddai Dai a minnau'n garcharorion adeg y pedoli gofalem fod gennym frechdanau yn llawn o siwgr brown. Dyna beth oedd ffest; dal y brechdanau â fforc hir uwch y tân i'w tostio, a'u bwyta wedi i'r menyn a'r siwgr doddi. Mae meddwl amdano'n tynnu dŵr o'm dannedd o hyd.

Tu fas i'r efail oedd y plât bando, ar ffurf cylch mawr, wedi ei wneud o fetel tua modfedd neu fwy o drwch, rhyw bedair troedfedd ar draws a thwll mawr yn y canol, ac wedi ei sicrhau yn y llawr tua throedfedd yn uwch na'r ddaear. Diwrnod arbennig iawn oedd y diwrnod bando pan fyddai'r bandyn metel yn cael ei roi oddi amgylch yr olwyn gart bren. Dôi'r saer ceirt, y perchennog, a nifer o helpwyr â'r olwynion i'r efail. Byddai gan y gof nifer o fandiau o wahanol faint i ddewis ohonynt. Dodid yr olwyn ar y plât bando a'r band yn nhân yr efail hyd nes y byddai wedi twymo'n goch er mwyn iddo ymledu, yna ei gario allan mor gloi ag oedd bosib a'i ffitio yn ei le o amgylch yr olwyn â morthwylion. Yna, o gasgenni o ddŵr wedi eu llenwi'n barod, byddai rhai o'r dynion yn taflu dŵr oer ar yr olwyn er mwyn i'r band dynhau ac i rwystro'r pren rhag llosgi. Doedd dim llawer o hwyl wrth y gwaith gan fod cyflymdra'n bwysig, a chlywid aml reg uchel pan na fyddai ambell un yn tynnu ei bwysau. Ond ar ddiwedd y dydd byddai pawb yn ffrindiau ar ôl pryd da o fwyd. Ar adegau eraill, a'r tywydd yn braf, byddem yn mwynhau cael picnic ar y plât bando. Ar ôl i'r gof farw gwerthodd ei deulu gynnwys yr efail. Teimlaf yn flin dros ben erbyn hyn na fuaswn wedi prynu'r eingion a'r plât bando. Buasent yn dwyn atgofion melys o'r dyddiau gynt.

Dyn mawr cyhyrog oedd y gof a arferai, trwy gydol y flwyddyn, wisgo fest dew wlanog a chrys gwlân o un o'r ffatrïoedd gwlân lleol. Yn y ffatrïoedd gweuent wlanen goch a oedd yn boblogaidd iawn i'w rhoi y tu mewn i'r fest os oedd rhywun yn dioddef o'r riwmatig neu o afiechyd y frest neu gefn tost. Mae sawl blwyddyn nawr ers i ni gael ymwelydd o Loegr a brynodd lathaid o wlanen goch i gael gwneud dau rwymyn corff iddo ef ei hun. Yn ddiweddar clywais oddi wrtho, yn gofyn a oedd modd cael llathaid arall o'r wlanen gan fod oes y ddau rwymyn wedi dod i ben. Ni fu'n hawdd dod o hyd i wlanen goch gan nad yw'n cael ei gweu'n lleol mwyach, ond gyda chymorth ffrindiau deuthum ar draws peth gan obeithio y byddai'n ddigon i bara gydol ei oes a chadw'r ffydd yn yr hen wlanen goch Gymreig yn fyw yn Lloegr.

Does dim dadl nad yr holl amser a dreuliais yn yr efail yn ystod fy mhlentyndod a achosodd i mi ofni ceffylau mawr, oherwydd gwelais pa mor wyllt yr oedd rhai ohonynt adeg eu pedoli. Arferwn gerdded trwy'r caeau i fferm gyfagos, Ffynnon-oer, ac yno bob amser byddai Capten y ceffyl gwedd yn pori'n hamddenol. Mae'n debyg ei fod yn geffyl annwyl iawn ond ni allwn i mo'i drystio, felly sleifiwn heibio mor ddi-stŵr ag oedd bosib gan edrych i gyfeiriad arall. Nid oedd fy ofn yn gyfyngedig i geffylau yn unig, oherwydd yr ochr arall i'r cae nesaf roedd fferm arall, Blaen-cwm, lle cedwid hen filgi cas. Roedd yn berchen ar ryw synnwyr anghyffredin

oherwydd gwyddai y funud y byddai unrhyw un yn croesi'r
cae i Ffynnon-oer, a rhedai'n groes i gwrdd â hwy gan gyfarth
yn gas a dangos ei ddannedd. Fy unig ffordd o amddiffyn fy
hun fel arfer oedd cerdded yn dawel bach, edrych i'r ffordd
arall a gweddïo'n daer.

Cadwai ein cymydog agos yn Nant-blaen wyddau a thwr-
cis i'w tewhau erbyn y farchnad Nadolig. Tyfai'r adar yn
anferth o faint a byddent yn erlid pwy bynnag a ddôi i'r clos,
a'r twrcis yn goblan yn uchel ac yn codi eu hadenydd mewn
tymer ddrwg. Roedd llyn y tu fas i iet y clos ac yno byddai'r
gwyddau a'r hwyaid yn nofio'n hapus ac yn 'molchi'n ddydd-
iol. Ond gwae unrhyw un a ddôi i darfu ar eu heddwch achos
rhedai'r clacwydd ar eu hôl, a'r adenydd mawr ar led yn beryg
bywyd. Dysgais sut i ymdopi â hwn. Cyn gynted ag y
dechreuai hisian a dilyn, cydiwn yn ddewr yn ei wddf hir a'i
dynnu gyda mi. Nid oedd yn rhy hoff o hynny ac yn gloi iawn
tawelai, a byddai'n falch o gael mynd 'nôl i'r dŵr ar ôl cael ei
ollwng yn rhydd.

Ond doedd yr ofnau hyn yn ddim o'u cymharu â'm hofn
o lygod ffrengig. Bu'r rhain yn hunllef i mi yn ystod fy mhlen-
tyndod a hyd y dydd heddiw. Y tro cyntaf i mi gyfarfod â llyg-
oden ffrengig oedd yn y tŷ bach pan oeddwn yn ifanc iawn.
Pe bawn mor anffodus â gorfod ymweld yn y nos, byddai'n
rhaid mynd yn y tywyllwch neu ddefnyddio tors. Gan i mi
deithio'r llwybr hwn mor aml, gwyddwn y ffordd a'm llygaid
ar gau. Ar noson dywyll arw yng nghanol gaeaf euthum i'r tŷ
bach gan gario tors heb ei oleuo, ac wedi cau'r drws ac eistedd
ar y sedd clywais sŵn a theimlo rhywbeth blewog yn cyffwrdd
â'm coes. Goleuais y tors a dyna lle'r oedd llygoden enfawr yn
fy wynebu, a chan imi gau'r drws doedd ganddi'r un ffordd i
ddianc. Erbyn hynny roeddwn wedi neidio lan ar y sedd ac yn

wyrthiol wedi osgoi syrthio i mewn i'r twll. Doedd dim modd i mi agor y drws o'm safle, felly doedd gen i ddim dewis ond aros yn llonydd a gobeithio na wnâi'r lygoden unrhyw ymgais i ddringo ar fy ôl. Daliais y tors yn dynn yn fy llaw yn barod i'm hamddiffyn fy hun pe byddai raid. O'r diwedd deallwyd yn y tŷ 'mod i'n hir iawn yn dod yn ôl, ac aeth rhywun i edrych amdanaf, ond teimlwn fod oriau wedi mynd heibio cyn i mi gael fy achub.

Y tro nesaf i mi gwrdd â'r llygod ffrengig cythreulig yma oedd yn yr ysgubor. Cadwem fwyd yr ieir mewn hen fuddai yno. Aeth Mam i fwydo'r ieir fel arfer a chyda lwc gwelodd y llygoden cyn iddi roi ei llaw i mewn i godi'r india-corn o'r fuddai. Rhaid oedd lladd y llygoden felly trawai fy mam hi â phicwarch tra arhoswn i ar bwys a fforch yn fy llaw yn gofalu nad oedd modd iddi ddianc. Gwnaeth ymdrech dda i wneud hynny gan ei bod yn ymladd am ei bywyd. Roedd hi'n frwydr galed a gwaedlyd ond ni a enillodd yn y diwedd. 'Goroesiad y cymhwysaf' oedd hi, chwedl Darwin.

Cofiaf yr adeg yn ystod yr Ail Ryfel Byd pan aeth y llygod mawr yn gymaint o bla yn yr ardal nes i'r cyngor lleol apwyntio 'dyn y llygod' i ddod oddi amgylch i'w lladd. Roedd hwn yn wasanaeth rhad i ddeiliaid tai a nifer mawr o wŷr busnes, ond rhaid oedd i berchenogion tai gyfrannu at y gost. Erbyn hyn roedd y llygod bron â meddiannu ein tai mas, lle caent eu denu gan fwyd y da a werthid drws nesaf. Pan fu raid i bobl drws nesaf alw dyn y llygod i mewn, deallodd hwnnw ar unwaith nad oedd unrhyw bwrpas rhoi gwenwyn lawr drws nesa tra bod llygod gennym ni yr ochr arall i'r clawdd. Chwarae teg i'r gŵr, deallodd y sefyllfa a rhoddodd y gwenwyn yn y ddau le ar yr un pryd, a fu dim rhaid i ni dalu'r un geiniog. Cytunwyd i hyn ar ôl cael cadarnhad fod yr anifeiliaid oedd gennym ar y lle bach yn ddiogel. Gwnaed y gwaith yn ofalus iawn drwy roi'r gwenwyn y tu mewn i bibellau a'u cuddio rhag unrhyw anifail dof.

Ar yr adeg yma roedd Sue yr hwch bron yn barod i'r gyllell, ac er bod dyn y llygod ar ei lw na fyddai dim drwg yn digwydd iddi, anodd oedd gan fy mam ei gredu. Gan iddi deimlo'n betrus dros ben aeth allan y noson ganlynol gyda'r *hurricane lamp* i weld beth oedd hanes Sue. Mewn dim o amser daeth yn ôl gan alw am help. Roedd ofn llygod yn fy nghalon ond rhaid oedd ufuddhau. Wrth inni agosáu at y twlc clywem swn crensian uchel. Rhedodd fy mam i nôl fforch iddi hi ei hun a ffon fawr i mi. Yng ngolau'r lantern gallwn weld llygod ffrengig mawr ymhob man yn iard y twlc; rhai yn edrych yn farw a rhai yn hanner marw yn cerdded o gwmpas yn araf a simsan. Aeth Sue yn wyllt bêl a gwnaeth ymdrech fawr i'w bwyta. Roedd mam yn daer i achub Sue gan mai dyma fyddai ein cyflenwad o gig yn ystod y flwyddyn ganlynol. Felly dyma batrwm y frwydr: roeddwn i'n dal y lantern yn un llaw, a chyda'r llaw arall yn bwrw ceg Sue mor galed â'r ffon nes iddi adael y llygoden yn ei cheg yn rhydd. Gofalwn wedyn na châi gyfle i gnoi rhagor, tra oedd Mam yn casglu'r llygod eraill a'u taflu allan o'r twlc. Dyna brofiad nad anghofiaf byth. Enillwyd y dydd yn y diwedd ac ni bu Sue damaid gwaeth ar ôl y digwyddiad. Gwyddwn fod hychod ar adegau yn lladd a bwyta eu moch bach newyddanedig. Maent hefyd yn hoff iawn o olchan, a chan fod Sue wedi dangos cymaint o chwant bwyta llygod efallai y dylem gynnwys moch yn nosbarth yr *omnivores*.

Bu'r llygod ffrengig yn boen i mi ar wahanol achlysuron trwy gydol fy oes. Astudiais Swoleg fel pwnc gogyfer â'm Tystysgrif Uwch yn yr ysgol ramadeg, ac wrth gwrs roedd yn

angenrheidiol astudio nifer o anifeiliaid a phryfed a'u hagor i
weld y tu mewn. Cynhwysai'r rhestr gwningen neu lygoden
ffrengig, penci, cimwch coch, chwilen ddu, mwydyn a broga.
Arweiniai hyn at arholiad ysgrifenedig ac un ymarferol.

Yn y dosbarth byddem bob amser yn ymarfer â chwningen
yn hytrach na llygoden gan fod anatomi'r ddwy yn debyg.
Dyma fy hoff destun, ond taerais pe dôi'r arholwr â llygoden
i'w hastudio na allwn wneud y rhan honno o'r arholiad.
Gobeithiwn yn fawr y byddai ledi lwc o'm hochr ar y dydd
pan ddôi'r arholwr swoleg i'r ysgol i roi prawf ymarferol i'r tri
ohonom a dod â'i ddefnydd ei hun gydag ef. Pan gyrhaeddodd
y labordy roeddem i gyd yn ein lleoedd. Cariai hen fag dillad
a edrychai fel petai ar fin byrstio unrhyw funud. Daliais fy
anadl pan gododd y bag ar fainc yr athro a'i agor. Safai Mrs
Hughes ein hathrawes y tu ôl iddo i gael golwg ar y cynnwys.
Wedi un cip, edrychodd yn groes yr ystafell ataf a gwyddwn ar
unwaith mai llygoden ffrengig oedd ganddo. Roedd bygyth-
iad yn ei llygaid ond newidiodd ar unwaith i erfyniad. Nid
oedd ganddi'r hawl i siarad â ni, ond daeth o hyd i esgus i ddod
ataf gan fod dyn yn gweithio'r tu allan i'r ffenestr lle'r eistedd-
wn, a phryderai fod ei bresenoldeb yn ymyrryd arnaf. Dyna i
gyd a ddywedodd oedd, 'You dare, get on with it.'

Treuliais funud neu ddwy yn dadlau â mi fy hun. Cofiais
am y noson honno y bûm yn ddigon dewr i helpu fy mam i
achub yr hwch; rhaid fod pasio'r arholiad yn bwysicach, gan
fod fy nyfodol yn dibynnu ar hynny. Felly i'r gad â mi.
Llygoden wen wedi ei phiclo a gefais, yn edrych yn bur dru-
enus ac yn gwynto'n gryf iawn o fformalin. Bu mewn ysgol
arall cyn dod atom ni ac yr oedd rhywun wedi bod yn delio
â'i system dreuliol. Disgwylid i ni agor y frest a dangos y galon
a'r gwythiennau mawr a bach yn arwain i mewn ac allan

ohoni, yn enwedig y rhai yn mynd i'r pen, hefyd y nerfau os oedd modd. Roedd y dasg bron yn amhosibl gan fod yr anifail yn hen a bron â phydru. Rhaid oedd gwneud y gorau o dan yr amgylchiadau, gyda chymorth y cof a thrwy dynnu llun orau gallwn o'r hyn a welwn, ac ambell beth y dychmygwn ei weld! Dyna oedd y patrwm adeg y rhyfel. Bu'n rhaid gwneud arbrawf yn yr arholiad Botaneg ar fetysen, ei thwymo a gweld sut y collai ei lliw mewn gwahanol dymheredd ac amser, ond roedd y fetysen bron cyn wynned â'r eira cyn dechrau. Beth feddyliai myfyrwyr heddiw am sefyll arholiadau dan yr amgylchiadau hyn? Doedd dim iws achwyn adeg y rhyfel.

Flynyddoedd yn ôl bûm yn gweithio mewn canolfan ymchwil feddygol yn Lloegr, ac yno deuthum i gyffyrddiad â'r hen lygoden fawr eto. Megid hwy yno er mwyn arbrofi arnynt, y cyfan er lles dynolryw. Nid yn aml y gwelaf un yn awr, ond gan ein bod yn cadw rhyw hanner dwsin o ieir a chompost yng ngwaelod yr ardd, maent yma o hyd.

Rhaid rhoi llawer o glod i'r cathod am gadw nifer y llygod i lawr, rhai bach a mawr. Yn anffodus mae gan rai ohonynt hen arfer gas o ddangos eu concwest. Daeth Bwtwn Caru unwaith â chawr o lygoden bron mwy o faint na hi ei hunan i mewn i'r tŷ i'w dangos i ni. Ni wyddem ai disgwyl cael canmoliaeth ydoedd neu gredu ein bod yn brin o gig ar y pryd. Chwarae teg iddi os oedd yn barod i rannu'r helfa â ni. Mae gan gathod ffordd hynod o ymddwyn. Fel arfer cedwir cathod ffermydd y tu allan i ddal llygod. Cysgant rhwng y byrnau gwair a'r gwellt ac edrychant mor gysurus nes gall dyn ond bod yn eiddigeddus ohonynt. Ar ôl gweld cwrci dieithr ar y clos gwyddem y byddai cynnydd ym mhoblogaeth y cathod ymhen rhai wythnosau.

Anifeiliaid digon craff yw cathod ac nid ydynt yn ymdd-iried ryw lawer mewn pobl. Efallai eu bod yn adnabod y natur ddynol yn ddigon da i wybod pwy i drystio a phwy i beidio. Gall ffermwyr fod yn greulon ar un olwg, ond maent yn ymarferol ac yn edrych ar y sefyllfa o wahanol safbwynt. Os yw ffermwr yn deall fod gormod o gathod bach yn cael eu geni ac na fydd modd bwydo'r cyfan, ac yn ystyried y bydd y rhyw fenywaidd o'r rhain yn cenhedlu eto, yna teimla mai doeth yw boddi'r rhai bach cyn iddynt agor eu llygaid. Mae gan y gath chweched synnwyr sydd yn ei gwneud yn ymwybodol o amcan y ffermwr, felly gofala chwilio am le diogel i eni, lle y bydd yn anodd iawn i neb ddod o hyd i'w nyth. Unwaith y bydd y cathod bach wedi agor eu llygaid ac yn edrych mor annwyl ag y gallant, yna dim ond person â chalon galed iawn a all eu boddi. Gwn am gath ddeallus iawn ar fferm gyfagos sydd o fewn lled cae i stad o dai. Medr gudd-io'i hepil hyd nes iddynt dyfu ychydig a dod yn ddigon cryf i'w gadael, yna mae'n eu cario yn ei cheg, un ar y tro, yn groes i'r cae a'u dangos i'r cymdogion. Pwy all wrthsefyll pelen o fflwff mor bert ac annwyl? Yn y modd hwn gall sicrhau car-trefi da i'r pethau bach. Dychwel rhai o'r rhain am dro i'r fferm wedi iddynt dyfu i'w llawn dwf, yn edrych fel angenfilod wedi cael gormod o fwyd.

Credaf fod dau fath o gathod ar gael, rhai dof a rhai gwyllt, ac yn fy marn i y cathod dof fu'n ddigon anffodus i orfod treulio'u bywyd yn wyllt sydd yn gofalu fod eu hepil yn cael mwynhau gwell bywyd nag a gawsant hwy, ac na fydd raid iddynt fynd i hela am fwyd. Mwynha'r gath wyllt hela am ei bwyd, ac er ei bod yn ddigon call i gymryd bwyd gan bobl, ni fydd yn caniatáu i neb ei hanwesu. Dysg ei chathod bach i hela'n gynnar iawn yn eu bywyd, i ofalu amdanynt eu hunain ac i wrthod unrhyw gyfeillgarwch â phobl. Haws yw dysgu cath ddof i fod yn lân yn y tŷ nag un wyllt. Creaduriaid bach annwyl iawn yw cathod, dof neu wyllt, a hyfryd yw eu gweld o gylch y tŷ neu'r clos.

&

V

BONEDD A GWRÊNG

Camp a chelfyddyd y cenhedloedd cynnar,
Anheddau bychain a neuaddau mawr,
Y chwedlau cain a chwalwyd ers canrifoedd,
Y duwiau na wŷr neb amdanynt nawr.

Waldo Williams

Y MAN pwysicaf ym mhentref Blaen-y-groes oedd plasty
Glanaber, cartref y gwŷr mawr Seisnigaidd a gyflogai nifer o
bobl leol yn weithwyr iddynt. Bu hen wraig y plas fyw am
naw deg o flynyddoedd ac, yn ôl fy mam, doedd ganddi fawr
o ffydd mewn awyr iach. Roedd hi bob amser wedi'i gwisgo'n
gynnes, ni fyddai byth ffenestr ar agor lle'r eisteddai, a doedd
wiw iddi deimlo awel o wynt o unman. Ymladdodd y Cyrnol
yn Rhyfel De Affrica, a phan ddychwelodd gwelwyd y pen-
trefwyr i gyd allan yn ei groesawu adref. Bu fy mam wrthi fel
lladd nadredd cyn y diwrnod mawr yn gwnïo'r geiriau
'Welcome Home Colonel' ar faner gynfas enfawr, ar ôl eu
torri allan o ddefnyddiau sbâr.

Yfed ei hun i farwolaeth fu diwedd yr hen Gyrnol Burnley.
Methodd y mab â chario ymlaen, oherwydd fel gyda nifer
helaeth o blastai'r ardal bu'n rhaid gwerthu yn 1925 i dalu
treth etifeddiaeth. Gorfu i'r teulu symud i fyw i dŷ lawer yn llai
o faint. Bu'r plas yn wag am saith mlynedd hyd nes i deulu o
ffermwyr ei brynu a ffermio'r tir am chwarter canrif.

Pan oedd y plas a'r Burnleys yn eu hanterth roedd gweld

coets y teulu'n olygfa gyfarwydd yn y pentref a cheid llawer o ddadlau ymysg y plant pwy oedd i agor gatiau mawr y plas, pan glywent sŵn y ceffylau yn dod i lawr y dreif. Gan y byddent yn derbyn cil-dwrn am hyn, gofalai'r plant fod y gatiau bob amser ar gau a hwythau bob amser ar gael, trwy ryw gydddigwyddiad rhyfedd, i'w hagor ar ran y gyrrwr.

Hen ferch reit llym oedd yr howsgiper. Gan i Mam-gu dderbyn tipyn o addysg roedd hi'n un o'r ychydig bobl ym Mlaen-y-groes a fedrai siarad Saesneg yn rhugl. Oherwydd hyn penderfynodd Miss Ady ddod i ymweld â hi unwaith bob wythnos ar ei diwrnod rhydd. Doedd hyn ddim heb ei dâl, ac yn lle pryd o de a sgwrs anfonai Gardner bach y Plas i docio'n coed ffrwythau, ac i ymgymryd ag unrhyw orchwyl arall yn yr ardd a ofynnai am law broffesiynol. O ganlyniad, ein gardd ni ym Mharcderyn oedd yr orau yn yr ardal. Doedd hi ddim y tu hwnt i wraig y plas ei hun dalu ymweliad â Mam-gu. Un dydd, wrth i'r goets dramwyo drwy'r pentref, cafodd y ceffyl fraw gan wylltio a thaflu'r Ledi allan o'r cerbyd. Yn ffodus ni chafodd fawr o niwed. Er i'r ddamwain ddigwydd y tu allan i dŷ rai llathenni o Barcderyn mynnodd gael ei chario yno i ddisgwyl y meddyg, a gymerai dipyn o amser i gyrraedd yn y dyddiau hynny. 'I must be taken to Elizabeth Parry's house,' oedd ei dymuniad.

Merch leol oedd morwyn bersonol Mrs Burnley, merch annwyl a charedig a ddioddefodd yn enbyd am ei charedigrwydd. Roedd llawer iawn o dlodi yn y pentref ac yn sgil hyn lawer o afiechyd. Byddai Miss Maud Hughes yn dwyn dillad gwely a nifer o eitemau eraill defnyddiol o'r plas, ac yn eu rhoi i'r anghenus. Sefydlodd ei hun fel rhyw olynydd i Robin Hood. Gwaetha'r modd, bu'r rhai a fanteisiodd ar ei charedigrwydd yn gyfrifol am gario clecs a datgelu'r gwir i bobl y plas.

Fe'i gorfodwyd i adael ei gwaith ar unwaith heb addewid am eirda, a oedd mor bwysig yn y dyddiau hynny i swydd o'r fath. Roedd yn ferch bert iawn, a dangosodd mab i fferm leol, John Llwyn-groes, gryn ddiddordeb ynddi. Mae'n debyg iddi anrhegu chwaer y bachgen â gemwaith o'r plas er mwyn ychwanegu at ei phoblogrwydd, ond ni allent gytuno i'r garwriaeth gan y perthynai'r forwyn i'r dosbarth gweithiol. Dewis y teulu i John oedd Leisa, merch hen ffasiwn, eithaf salw, ond yn ferch fferm. Doedd ganddo'r un diddordeb ynddi. Yn y diwedd ni chafodd yr un o'r ddwy mohono, gan iddo farw'n gymharol ifanc o afiechyd a swniai fel cancr, yn ôl y disgrifiad. Dioddefodd yn enbyd. Fe'i nyrsiwyd gartref, yn ôl yr arferiad y dyddiau hynny, a phrofodd y dillad gwely a ddygwyd o'r plas yn ddefnyddiol iawn. Ar ôl ei farwolaeth dangosodd y teulu eu gwerthfawrogiad, neu brinder ohono, drwy brynu het ddu i Leisa i'w gwisgo yn yr angladd, ac anwybyddwyd Maud, ei wir gariad. Dangosodd rhywun ychydig o garedigrwydd tuag ati a derbyniodd swydd arall yn yr Alban, lle treuliodd yr amser hyd at oed ymddeol. Er i'm teulu fod yn ffrindiau mawr â hi, ni ddaeth dim o Lanaber i'n cartref ni. Cadwodd fy mam a'm modryb yn driw iddi yn ystod ei phroblemau tra trodd y rhai a dderbyniodd gymaint o garedigrwydd ganddi eu cefnau arni. Cofiodd hynny ac anfonai bresant Nadolig i mi bob blwyddyn hyd nes i mi dyfu i fyny. Wedi ymddeol daeth yn ôl i fyw yn ei hen gartref, rai milltiroedd i ffwrdd, gyda'i chwaer a fu'n gogyddes yn un o'r tai brenhinol. Teimlais hi'n anrhydedd i gael fy ngwadd i'w hangladd breifat, ynghyd â gwraig arall a fu'n ffyddlon iddi yn y dyddiau tywyll hynny, flynyddoedd ynghynt.

Achos dryswch i mi erioed oedd pam na phriododd Anti Nell, er bod pawb yn gytûn ei bod yn brydferth iawn yn ei hieuenctid. Rwyf yn cofio cyfoeswr iddi, a oedd yn dipyn o foi ar ôl y merched yn ei ddydd, yn tynnu fy nghoes yn gyson gan ddweud, 'Rwyt ti'n ferch reit neis, ond mae'n drueni nad wyt ti mor bert â dy Anti Nell.' Dim ond yn ddiweddar y dysgais y gwir am y garwriaeth ramantus ond trist. Roeddwn wedi clywed digon o sôn am fechgyn a fu'n ei hedmygu, ac un diwrnod tra oeddwn yn chwilota trwy'r cwtsh dan stâr cefais hyd i bentwr o gardiau post a anfonwyd at y teulu gan berthnasau a ffrindiau. Anfonwyd llawer ohonynt gan fy wncwliaid o bob cwr o America. Gan nad oedd teleffon ar gael ddechrau'r ganrif, carden bost oedd y ffordd orau i gadw mewn cysylltiad. Roedd yn amhosib cysylltu â rhywun ar frys i ofyn am gyfarfod yr un diwrnod, hyd yn oed dros bellter o ychydig filltiroedd, felly roedd rhaid trefnu pob peth ymhell ymlaen llaw. Efallai y gallai rhywun â cheffyl farchogaeth ar neges bwysig neu i nôl meddyg mewn argyfwng. Heblaw am hynny, anfonid carden bost, ac oni bai fod digon o amser i ddisgwyl ateb, rhaid oedd byw mewn gobaith y byddai'n cyrraedd a phob dim yn iawn. Roedd carden yn rhatach i'w hanfon na llythyr, a rhaid dweud fod y post fel petai'n fwy dibynadwy nag y mae heddiw. Wrth gwrs, un canlyniad i'r holl anfon cardiau post hyn oedd fod y postman yn gwybod hynt a helynt y pentrefwyr a'u holl dylwyth a'u ffrindiau. Byddai Cochyn y postman yn dod i'r drws ac yn adrodd cynnwys y cardiau cyn i neb gael cyfle i'w gweld hyd yn oed! Byddai'n llamu mewn i'r gegin gan gyhoeddi ei neges fel rhyw fath o *town crier*.

'Mae Jim ti yn Abergweun. Ma' fe'n dala *train* lan i Lunden a bydd 'ma 'da ti diwedd wythnos. Co'r garden.' Nid yw'n rhyfedd, felly, bod angen ychydig o gynildeb wrth ysgrifennu cardiau, yn enwedig rhai go bersonol! Llwyddai ambell un i gario'r dydd ar Cochyn drwy ysgrifennu go chwith fel byddai rhaid darllen y neges yn y drych. Dyna'r unig ffordd i gadw cyfrinach rhagddo.

Ymhlith y cardiau post hyn yn y cwtsh dan stâr yr oedd nifer a oedd yn datgelu'r gyfrinach am gariad Anti Nell, sef bardd o'r enw Jack. Trwy gyfres o gardiau adroddid hanes eu carwriaeth dros gyfnod o ddeuddeng mlynedd. Roedd Jack yn dod o bentref cyfagos ac yn un o'r bechgyn a gymerodd ffansi at Anti Nell. Prin oedd ei addysg ond ysgrifennai Saesneg glân er gwaethaf hynny. Y mae'n amlwg fod ganddo allu, ond oherwydd tlodi bu raid iddo gymryd swydd fel prentis groser yn Aberdâr, ymhell o sir Aberteifi a Nell. Eto cadwodd mewn cysylltiad trwy anfon cardiau, yn fynych gyda phenillion syml yn Gymraeg yr oedd wedi eu llunio ei hunan. Rhaid bod eu llythyron wedi eu llosgi ers tro, ond roedd digon o dystiolaeth yn y cardiau i ddysgu'r hanes. Tra safodd Jack yn ne Cymru, teithiodd Nell i Lundain i helpu'i brawd, Griff, yn y busnes llaeth yn y ddinas fawr. Byddai Jack a Nell bob amser yn gwneud yn siŵr fod eu hymweliadau â chartref yn cyd-ddigwydd fel bod modd iddynt gwrdd bob hyn a hyn, er mai'r post oedd yn cynnal eu perthynas mewn gwirionedd.

Er gwaethaf ei ddiffyg cyfle mewn bywyd, roedd Jack yn uchelgeisiol. Bu'n cynilo arian yn y gobaith o gael addysg ac roedd â diddordeb byw yn 'y pethe', gan ennill enw iddo'i hun fel bardd. Gwireddwyd ei freuddwydion pan aeth i Goleg y Brifysgol, Caerdydd, lle enillodd y gadair yn eisteddfod y coleg am farddoniaeth. Yn 1912 ymunodd â'r Coleg Diwinyddol yng Nghaerfyrddin gyda'r bwriad o fynd yn weinidog gyda'r Annibynwyr.

Yn ystod y cyfnod yng Nghaerdydd roedd y berthynas rhyngddo a Nell fel petai wedi oeri rywfaint. Mae un o'r card-

iau post fel petai'n awgrymu ei fod wedi gofyn iddi ei briodi
a'i bod hi wedi ei wrthod. Clywais sôn mai un o'r problemau
oedd fod Nell yn dalach nag ef a'i bod hi'n becso y byddent
yn ymddangos yn lletchwith gyda'i gilydd. Roedd hon yn
broblem a fodolai yr adeg honno, fel yn hanes y gweinidog
Griffith Beynon ar ôl hynny. Beth bynnag oedd y rheswm,
aeth y cardiau'n llai aml, a llofnodid hwy bellach 'Best Wishes,
Jack' yn hytrach na 'All my love' neu 'Forever Yours' fel cynt.
Efallai fod y straen o fod ar wahân gyhyd yn dechrau dweud.
Er gwaethaf hynny, pan symudodd Jack i Gaerfyrddin adfer-
wyd yr hen berthynas serchus ac ymddangosai fod diwedd
hapus mewn golwg. Ond nid oedd hynny i fod. Ym mis Awst
1919 aeth Jack i Gynhadledd Y.M.C.A. yn Aberhonddu.
Roedd yn Awst berwedig o dwym a phenderfynodd ef a grŵp
o ffrindiau fynd i nofio yn yr afon. Er ei fod yn nofiwr da,
rywsut neu gilydd fe foddodd yn yr afon. Dyma chwalu holl
obeithion Anti Nell, a fu'n ffyddlon iddo trwy'r holl flynydd-
oedd. Parhaodd yn ffyddlon i'r cof amdano er bod amryw o
ddynion wedi ceisio denu'i sylw yn y blynyddoedd wedyn. Ar
ôl cyfnod hir o afiechyd, bu farw cyn cyrraedd ei chwe deg
oed. Mewn hen albwm o'i heiddo mae cerdd a ysgrifennodd
Jack iddi ychydig cyn iddo farw mor ddisymwth. Mae'n dal i
ddod â deigryn i'm llygaid bob tro rwy'n ei darllen.

RHYWUN

Na'i thonnog wallt nid ydyw'r nos
Yng nghoed y cwm yn dduach,
Na gwawr ei llygaid Gwener dlos
Erioed ni fu'n ddisgleiriach,
Yn hud ei gwên mae serch bob dydd
Yn mynnu sôn am 'Ellen',

A hon yw'r ddofn gyfrinach gudd —
Fy nef yw cwmni Rhywun.

Caiff pendefigion byd ei hedd
Mewn gwanc am aur a thiroedd,
Yn sawr y cwpan gwin a'r medd
Mae mwyniant i frenhinoedd,
I Fardd fy Ngwlad ar lwybrau Mai
Mae'r gwir ddedwyddwch cyfrin,
Caf finnau wynfyd sy'n ddidrai,
A Nef yng nghwmni Rhywun.

Jack

Roedd llawer o fywyd Blaen-y-groes yn troi o amgylch yr
ysgol a'r plas, lle byddai llawer o weithgareddau'n digwydd
gyda'r hwyr. Hoffai'r Cardi bwyllgora; doedd gwahaniaeth pa
un, cael bod yn aelod oedd yn bwysig. Ceid preimwn yma
bob blwyddyn, lle cynhelid ymryson aredig, a cheir sôn am un
mor bell yn ôl â 1878, pan gafodd plant yr ysgol ddiwrnod o
wyliau. Wrth gwrs, rhaid oedd cael pwyllgor i drefnu'r cyfan
ymlaen llaw, a chwrdd yn aml cyn yr ymryson. Yn fynych dôi'r
garddwr a enillai'r brif wobr o bentref arall, rai milltiroedd i
ffwrdd. Ni allai'r ymgeiswyr o bell fforddio dod â'u ceffylau
gyda hwynt, felly rhaid oedd iddynt fenthyg ceffylau ffermwyr
lleol. Profai hyn eu bod yn gamster ar y gwaith, yn medru
aredig â cheffylau dieithr heb unrhyw ymarfer ymlaen llaw.
Câi'r bechgyn ifainc lleol gyfle hefyd gan fod cystadleuaeth
arbennig gogyfer â hwy. Yn ychwanegol byddai cystadlu ar
adeiladu a thocio clawdd. Cynhelid dosbarthiadau yn yr ysgol
gan y cyngor lleol, a'r dosbarth gwaith saer oedd yr un mwyaf
poblogaidd gan y dynion. Defnyddid y plas ar adegau fel man
cyfarfod, yn un o'r tai mas cyfforddus. Yno byddai'r gwragedd

yn ymgynnull i ddysgu sut i wneud menyn. Credai fy mam iddi wneud gwell menyn gartre, gan na ddaethai erioed o hyd i linellau gwyn yn y menyn melyn hwnnw fel y gwelodd yn y menyn a wnaeth yn Glanaber, dan hyfforddiant gwraig â chymwysterau at y swydd.

Ers cyn cof dathlwyd Dydd Iau Mawr bob blwyddyn ym mhentref Aber-porth, rai milltiroedd o Flaen-y-groes. Ar yr ail ddydd Iau ym mis Awst fyddai hynny, a'i ddilyn gan Ddydd Iau Bach yr Iau canlynol. Dyma wyliau'r ffermwyr, rhwng y ddau gynhaeaf – ar ôl y cynhaeaf gwair a chyn y cynhaeaf llafur. Cyfrifid Dydd Iau Bach yn wyliau i'r gwasanaethyddion. Awgrymir mai gŵyl Gatholig oedd hon, yn mynd yn ôl i'r Canol Oesoedd. Dywedir i gymaint ag wyth mil o bobl ddisgyn ar Aber-porth un ail ddydd Iau ym mis Awst yn niwedd yr 1920au. Deuent o nifer o ardaloedd oddi amgylch yn eu ceirt, eu gambos a'u traps, yn cael eu tynnu gan geffylau. Anodd iawn oedd cael lle i barcio'r cerbydau hyn a hefyd le i'r ceffylau bori'n rhydd yn ystod y dydd. Byddai gwragedd y pentref yn paratoi te i'r ymwelwyr ac yn cyflogi merched lleol i helpu bob blwyddyn. Dôi rhai teuluoedd â'u bwyd eu hunain a phrynu dŵr berw i wneud te yn unig. Ychydig iawn oedd yn barod i ddiosg eu dillad a mentro i'r môr; y rhan fwyaf yn bodloni ar fracso, a'r gwragedd yn codi eu sgertiau i fyny rhag eu gwlychu, gydag ambell wraig fwy mentrus yn rhoi ei dillad y tu mewn i'w nicer a chael llawer o hwyl. Tynnai'r dynion eu sanau a rholio'u trowsus lan hyd at eu pengliniau, ond ni fyddent byth yn tynnu eu capiau. Roedd llawer o dynnu coes y rhai a âi i mewn i'r môr i folchyd, gan awgrymu mai dyma'r unig dro yn ystod y flwyddyn y byddent yn ymddiosg i gael bàth.

Credai pawb fod dŵr y môr yn medru gwella amryw ddoluriau, ac yr oedd golchi eu traed fel hyn unwaith y flwyddyn yn llesol tu hwnt iddynt. Cariai rhai y dŵr adref mewn bwcedi, ond ys gwn i faint ohono a gyrhaeddai'r cartrefi ar ôl y daith arw yn y cartiau? Dŵr y môr oedd y diheintydd perffaith, yn puro unrhyw beth a deflid iddo. Doedd dim sôn am lygredd yn y dyddiau hynny, er i'm cefnder Jac, a oedd yn gapten llong, ein cynghori i beidio bwyta macrell gan mai dyma garthwr mwya'r môr. Cynhelid adloniant, carnifal a mabolgampau yn ystod y dydd, a chyngerdd gyda'r nos, ar y ddau ddydd arbennig hyn. Yn dilyn diwedd yr Ail Ryfel Byd bu llai o frwdfrydedd dros y Dydd Iau Mawr a gwelid ceir a bysiau'n cymryd lle'r cerbydau a dynnid gan geffylau. Parhaodd y dirywiad wrth i dwristiaid ddechrau ymweld â phentrefi glan môr yn ystod yr haf, gan feddiannu'r traethau.

Âi'r ysgolion Sul ar eu tripiau haf i'r traeth agosaf. Dôi nifer mawr o aelodau a phlant (nid ffyddloniaid yr ysgol Sul yn unig!) yng nghartiau a gambos ffermwyr y capel. Nid oedd gobaith i'r plant gael gormod o hwyl gan eu bod wedi eu gwisgo yn eu dillad parch a doedd dim iws eu trochi. Os byddai'r tywydd yn wlyb byddai festri un o'r capeli oedd yn bur agos i'r traeth yn cael ei defnyddio i baratoi a bwyta'r bwyd o dan do. Diwrnod digon caled ydoedd i'r gwragedd i baratoi dau bryd o fwyd a chlirio ar ôl hynny, tra byddai'r dynion yn cael diwrnod wrth eu bodd yn sgwrsio ac ymlacio. Byddai'r gwragedd yn dod â'u basgedi wedi eu llanw â digonedd o fwyd. Roedd yn fantais fawr i gapel Seion fod un o'r aelodau'n byw ar ymyl y traeth lle âi'r trip bob blwyddyn, a byddai'n berwi galwyni o ddŵr i wneud te i dorri syched y dyrfa fawr. Doedd fawr o drefniant gan wragedd Cymreig ynghylch paratoi bwyd i'r lluoedd; byddent i gyd yn dod â'u basgedi'n llawn o'u hunanddewisiad, a thrwy ryw ryfedd rin

ceid hen ddigon bob amser a chydbwysedd da rhwng y brech-
danau a'r cacennau. Ni fyddai byth brinder ar unrhyw achly-
sur.

Mae dyfodiad gwragedd o Loegr i'n mysg a'u cymathu i
fywyd ein pentrefi yn gallu achosi rhai problemau pan fydd
paratoi bwyd yn y cwestiwn. Mae'r Saeson yn credu mewn
trefnu gyda manyldeb militaraidd. Yn gyntaf rhaid cael
gwybod pwy sy'n barod i gyfrannu bwyd, yna bydd y swydd-
ogion penodedig yn penderfynu ar y fwydlen ac yn awgrymu
i'r gwragedd beth y dylent ei gyfrannu. Y canlyniad yw
prydiau llawer llai moethus nag sydd at ddant y trigolion. Y
mae'r pwyslais ar leihau gwaith paratoi, felly yn fynych ni
chynigiant ond cwpaned o de a bisgïen. Dyma beth yw
sarhad, yn ôl y gwragedd Cymreig. Doedd neb erioed wedi eu
cyfarwyddo ynglŷn â'r hyn oedd angen ei baratoi ar gyfer pryd
hyfryd o fwyd. Teimlent hi'n fraint i goginio'r danteithion
gorau i ddangos eu gallu fel cogyddion.

Er hynny yr ydym yn dysgu'n gyflym a phob amser yn
barod i fabwysiadu diwylliant estron, ac erbyn hyn yr ydym
ninnau ar fin cyrraedd stad y te a'r bisgedi. Saif yr hen arfer-
ion yn y capeli o hyd, er mawr foddhad i fwyafrif y gwragedd.
Penderfynwyd mewn un cyfarfod o Gymdeithas Genhadol y
Chwiorydd, a gyfarfyddai mewn gwahanol eglwysi yn eu tro,
i gyfyngu bwydlen y pryd a baratoid gogyfer â'r cynulliad i
bicau bach a byniau. Y rheswm dros hyn oedd fod ffyddloniaid
y capeli'n lleihau a'r baich yn mynd yn drwm ar ysgwyddau'r
ychydig wragedd, a'r rhai hynny'n heneiddio. Digon teg,
cadwodd rhai capeli at y drefn newydd ond yn y diwedd bu'r
demtasiwn yn ormod i wragedd un capel ac fe gafwyd gwledd
yno a'r byrddau'n llawn o bob math o gacennau, bara brith a
digon o frechdanau, er mawr foddhad i'r gwragedd eraill. Yr

ydym nawr yn mwynhau 'te parti' fel cynt pa le bynnag yr awn. Mae'n bleser hefyd gweld rhyw hanner cant o flaenoriaid a gweinidogion yr Henaduriaeth yn mwynhau wrth y ford ar ôl prynhawn hir yn trafod sefyllfa'r eglwysi. Rhydd y gwaith bleser o hyd i wragedd ffyddlon y capeli.

Wedi gadael pentref Blaen-y-groes ar ddechrau'r pedwardegau i dderbyn addysg brifysgol a threulio peth amser yn gweithio yn Lloegr, deuthum adref yn y pumdegau gan gredu nad oedd llawer ar ôl i'w ddysgu. Deallais yn gyflym iawn 'mod i wedi gwneud camsyniad mawr pan gefais y profiad o fod yn gyfrifol am drefnu 'Sale of Work' ar gyfer y capel. Dysgais fwy am y natur ddynol nag y gallwn mewn unrhyw goleg yn y wlad. Dechrau'r hanes fu penderfynu bod angen addurno adeiladau capel Seion, ac wrth gwrs rhaid oedd codi arian at y dasg. Cytunwyd yn hollol unfrydol i gynnal 'Sale of Work' yn y gwanwyn a threulio bob nos Fawrth yn ystod y gaeaf yn paratoi yn y festri. Gwahoddwyd gwragedd y pentref i gyd i ymuno â ni. Bu'n syndod faint ddaeth i'r noson gyntaf, gan gynnwys y gweinidog a'i flaenoriaid. Cyn diwedd y tymor roedd y festri'n llawn bob nos Fawrth. Teimlai'r gweinidog, y Parch. Abel Price, yn siomedig oherwydd byddai'n lwcus i gael dwsin o aelodau i'r cwrdd gweddi ar nos Iau. Buom yn ceisio'i argyhoeddi nad oedd unrhyw ddrwg yn yr hyn a wnaem, gan ein bod mewn adeilad cysegredig, ac yntau'n bresennol, a phe dymunai, gellid dechrau'r cyfarfod trwy weddi. Rhaid bod yn ysbrydol ddiogel yn wyneb hyn i gyd! Nid wyf yn siŵr a gytunodd yn llwyr, ond deallai mai pwrpas y cyfan oedd codi arian at y capel, a bod hynny'n angenrheidiol. Gwyddem fod cynnal raffl yn cael ei gondemnio gan reolau'r Eglwys Bresbyteraidd, ond ymateb y Parch. Abel Price oedd, nad oedd gwahaniaeth ganddo cyn belled â'n bod yn peidio gwerthu'r tocynnau y tu mewn i'r festri. Wrth gwrs, doedd y cyntedd ddim y tu mewn i'r adeilad, felly os am brynu tocyn rhaid oedd symud allan i'r cyntedd. Treuliai trefnydd y raffl y rhan fwyaf o'r noson heb ddod i mewn i'r festri o gwbl. Gallai ymddangos yn sefyllfa amheus iawn i ddieithryn, gweld dwy neu dair gwraig yn mynd allan am ychydig amser, yna dwy neu dair arall, a hyn yn mynd rhagddo trwy'r nos.

Penderfynwyd ar y dechrau i brynu tipyn go dda o edafedd a pheth defnydd i'w rhannu rhwng y gwragedd a fedrai ac a oedd yn fodlon gwau a gwnïo dillad i'w gwerthu yn y sêl. Yn ffodus iawn roedd un o'r aelodau'n rheolwr ffatri wlân leol, ac yn darparu edafedd yn weddol rad i ni.

Ar y pryd trigai gwraig o'r enw Mrs Dickens yn y pentref, gwraig wedi ymddeol a symudodd i fyw yma o Loegr. Wrth lwc roedd hon yn gwau'n ddi-baid a chynigiodd dderbyn archebion ar gyfer capiau gwragedd, ond i ni roi'r edafedd iddi. Un patrwm a ddefnyddiai, a gallaf weld y capiau yn fy meddwl o hyd: cap bach syml yn ffitio'r pen yn dynn gyda'r ymyl wedi ei droi i fyny, a'r rhan ar y copa wedi ei droi'n ôl i ymddangos fel madarch dros y pen, patrwm eithaf unigryw. Daeth y capiau'n boblogaidd iawn, a gwisgid un gan bron bob un o'r hanner cant o wragedd a ymunai bob nos Fawrth. Nid dyma ddiwedd y stori o bell ffordd: gwelid y modrybedd, mamau, mamguoedd, chwiorydd-yng-nghyfraith, cyfnith-eroedd a pherthnasau o bell a ffrindiau yn gwisgo'r capiau. Roedd yn amhosibl mynd i unman heb gwrdd â rhywun yn gwisgo cap yn un o'r pedwar lliw a oedd ar gael. Heb unrhyw amheuaeth, treiddiodd yr haint capiau trwy'r wlad, a golygai hynny fod yr arian yn llifo i mewn i goffrau'r casgliad.

Er bod yr ymdrech yn llwyddiant ysgubol at ei gilydd, cododd amryw broblemau, ac yr oedd y ddwy chwaer Kitty a

Lily ar eu gorau gydol yr amser. Roedd Kitty'n weddol
gyfoethog ac yn rhoi'r argraff ei bod yn wanllyd ei hiechyd, tra
oedd Lily'n wraig gref a roddai lawer o sylw i'w chwaer. Fel y
profwyd yn y gorffennol, gallai'r ddwy greu tipyn o ffwdan a
chollais fy amynedd yn llwyr â hwy sawl tro. Bu eu rhieni'n
byw yn y Rhondda ar un adeg, yn agos i fy wncwl Tom. Dyn
hyfryd oedd y tad, ond aeth y fam i yfed yn drwm gan adael
y teulu'n brin o arian, a benthycodd fy wncwl gryn dipyn o
arian iddynt i dalu eu holl ddyledion. Go brin fod cytundeb
ar bapur yn y dyddiau hynny, yn enwedig rhwng ffrindiau;
pawb yn addo talu'r benthyciad yn ôl gynted â phosib. Ond er
i sefyllfa ariannol y gŵr bonheddig wella, yn enwedig ar ôl
iddo golli ei wraig, ni chlywid byth sôn am yr ad-daliad.
Doedd dim angen yr arian ar Wncwl Tom ond gallai aelodau
eraill o'r teulu wneud y tro â nhw, yn enwedig ni. Teimlais
ychydig yn ddig at agwedd hunanol y ddwy chwaer. Dwn i
ddim a wyddent am y ddyled, ond ni fuasai fy mywyd i'n
werth ei fyw pe clywent 'mod i wedi adrodd y stori wrth
rywun.

Yn ystod cyfnod gwau'r capiau daeth Kitty a Lily i'm
gweld. Er eu bod yn dwlu ar y patrwm, nid oeddynt yn hapus
ynghylch ansawdd yr edafedd na'r lliwiau. Gwlân Cymreig
ydoedd, ac ychydig yn gwrs, ond yn rhad a digon ohono ar
gael, tra bod edafedd arall yn brin. Hefyd yr oedd pawb arall
yn hapus ac yn falch o'u capiau.

'We ni'n gwbod na fydde dim ots 'da chi, achos y'n ni wedi
prynu dafe ein hunen a'i roi i Mrs Dickens. Wedd hi'n becso
tamed bach ac ofan arni byddech chi'n anfodlon, ond wedon
ni wrthi bod pob peth yn ôl reit achos y'n ni'n rhoi'r arian i
gyd i'r *funds*.'

Roeddwn yn sicr ar y pryd fod Mrs Dickens yn gwybod

yn dda am eu triciau sâl ac yn mynnu eu bod yn trafod y cyfan
â fi cyn dechrau gwau'r ddau gapan. Wrth gwrs, dangosodd
nifer o'r gwragedd eraill eu hanfodlonrwydd ar eu dwli a bu'n
rhaid wrth dipyn o berswâd a thact i gael heddwch i deyrn-
asu.

Gwneid y rhan fwyaf o'r gwaith gan rai gwragedd yn eu
cartrefi a doedd y cyfarfod nos Fawrth yn ddim mwy na
gwragedd yn cwrdd i gael te a chlonc, er i rai wneud ymdrech
galed i gadw'r gweill i glicio. Ar ddiwedd y noson ceid y te.
Dechreuodd yn ddigon diniwed a dwy o'r chwiorydd yn eu
tro yn paratoi disgled a bisgedi am bris rhesymol tuag at y
gronfa. Ar ôl dau gyfarfod gofynnodd y trydydd pâr a allent
gyfrannu brechdanau yn ychwanegol. Heb feddwl llawer,
cytunodd y trysorydd a minnau fod unrhyw hwb ariannol yn
beth da, ond aeth pethau o ddrwg i waeth. Bu brechdanau
ham yn boblogaidd iawn, a'r wythnos ganlynol cafwyd brech-
danau ham a samwn, gydag ychwanegiad o gacennau bach
yr wythnos wedyn. Arweiniodd hyn at fwy o ddewis o
frechdanau a chacennau. Roeddem erbyn hyn yn gwerthu
bwyd bob tro, a gwragedd yn prynu digon i lanw bocs bwyd
eu gwŷr i fynd i'r gwaith y diwrnod canlynol, a hefyd tuag at
de eu plant. Rhwng popeth roedd y fenter wedi troi'n fusnes!
Fûm i erioed yn rhan o'r byd cystadleuol yma y cefais fy hun
yn ei ganol, ond roedd Mam, er ei bod yn ei saithdegau, o
anian bur wahanol ac yn barod i fentro i'r gystadleuaeth.
Doedd wiw i neb ein maeddu pan ddaeth y noson i mi a'm
ffrind Winnie baratoi'r bwyd. Gan nad oedd neb arall wedi
gwneud hynny hyd yn hyn, penderfynwyd coginio un deisen
simnel ac un deisen geirios. Doedd dim gwahaniaeth am y
gost. Ar yr ymgais gyntaf aeth y gacen geirios i lawr yn y
canol; yr ail waith aeth y ceirios i'r gwaelod. Rhoi'r ffidil yn y

to? Dim siawns; mae tri chynnig i Gymro neu Gymraes, ac fe
enillwyd y dydd yn y diwedd. Ni bu fawr o ffwdan gyda'r
gacen simnel, a hefyd roedd gennym nifer o gacennau bach i
ddewis ohonynt, a phob math o frechdanau, a bu'r cyfan yn
llwyddiant mawr. Buom yn bwyta tafelli o'r gacen geirios am
wythnosau wedyn yn ein tŷ ni. Rhaid oedd i'r cacennau fod
yn rhai mawr i ateb y galw, ac o ganlyniad bu gwerthwyr
nwyddau haearn yn yr ardal yn hapus iawn gan i nifer o'r
gwragedd orfod prynu tuniau cacennau newydd gogyfer â'r
coginio!

Aeth pethau o ddrwg i waeth pan awgrymwyd y dylid cael
adloniant hefyd yn ystod y nosweithiau hyn. Cydsyniom, ar yr
amod ein bod yn cael gwybod ymlaen llaw beth fyddai'r didd-
anwch, er mwyn sicrhau ei fod yn addas. Penderfynwyd y gall-
ai'r chwiorydd a oedd yn paratoi'r bwyd fod yn gyfrifol hefyd
am yr adloniant, heb un gost i ni. Cawsom lawer o fwynhad a
bu'r cynllun yn gryn lwyddiant. Buom yn edrych ar luniau
pobl ar wyliau, a gwrando ar recordiau o alawon Cymreig ac
ambell ganwr neu gantores leol. Ond daeth tro Kitty a Lily i
gynnal y noson, ac yr oeddynt wedi trefnu i rywun ddod i
ddangos sleidiau. Yn gwbl nodweddiadol, ymddangosodd y
ddwy ar garreg fy nrws, yn wên o glust i glust, yn sicr na fydd-
wn i'n flin â hwy, a phwy allai fod, a hwythau bob amser yn
bwriadu mor dda? Teimlwn y rhan fwyaf o'r amser fel eu cloi
yn rhywle o'r golwg hyd nes i'r sêl fod drosodd, i gael ychydig
o heddwch. Roeddent wedi dileu'r rhaglen gyntaf, ond wedi
cofio rhoi rhywbeth bach ym mhoced y gŵr gwadd am ei
siomi. Yn ei le byddai triawd proffesiynol yn ein diddori.
Doedd dim angen i mi bryderu gan y gallent fy sicrhau y
byddai'n noswaith lwyddiannus. Rhagor o drwbwl eto, a
rhagor o ymddiheuriadau a gwaith caled i berswadio'r

gwragedd i ddod i'r noson. Ond rhaid cyfaddef i ni gael noson ardderchog wedi'r holl ffwdan.

Un noswaith bu sêl 'Bring and Buy' yn y festri a Kitty a Lily yn eu helfen unwaith eto. Penderfynasant y gallent brisio rhai o'r nwyddau. Roedd fy nhartennau i, am ryw reswm, yn llai o werth na'r rhai llai o faint gan ffrind annwyl iddynt, Bessie Llewelyn, ac er bod yr wyau oedd i'w gwerthu i gyd yn dod o ffermydd lle byddai'r ieir yn rhedeg yn rhydd, ac i gyd yn edrych tua'r un faint, prisiwyd rhai yn uwch na'r lleill. Tybient fod wyau gwraig y prif flaenor o dipyn gwell ansawdd, ac yn werth mwy o arian, er na allai'r rhan fwyaf o'r prynwyr weld unrhyw wahaniaeth. Er hynny llwyddasant drwy berswâd i werthu'r wyau drud, a chlywais hwy'n dweud, 'Wye Mrs Richards, yn llawer ffeinach na'r rhest'. Mae'n bosibl twyllo rhai pobl. Wnes i ddim ffws ynghylch y tartennau, ond ni bu gwragedd y ffermydd yn dawel am brisiau'r wyau. Parodd hyn loes enbyd i'r ddwy. Sut feiddiai neb awgrymu iddynt gyflawni gweithred annheg? (Tebyg mai tipyn o hwyl amser hamdden oedd danfon y llythyron maleisus dienw!)

Daw hyn â stori arall i'r cof. Arferai eu ffrind, Bessie Llewelyn, gwraig y tartennau, eu hanrhegu â photel o win bob Nadolig. Gelwais yn eu tŷ un dydd a chael cynnig glasied o'r gwin, a'i wrthod gan fy mod yn llwyrymwrthodwr. Ar unwaith dyma nhw'n honni eu bod hwythau hefyd yn cadw draw rhag unrhyw ddiod ac alcohol ynddo, ond gan fod Bessie wedi rhoi'r botel iddynt credent ei bod hi'n ddyletswydd arnynt i gynnig peth i'w ffrindiau. Erbyn hyn teimlent yn euog iawn a'u bod wedi pechu drwy gynnig diod i aelodau'r capel, a gofynnwyd i mi beth fyddai'r peth doethaf iddynt ei wneud â'r botel bob Nadolig. Ar ôl eu holl weithredoedd twyllodrus, pa ddrwg wnâi un pechod bach arall?

Daeth y nosweithiau wythnosol hyn mor boblogaidd nes i'r bechgyn ifainc droi i mewn, ac ar y noson olaf cafwyd y Grand Finale, gyda phedwar o'r bechgyn yn gyfrifol am y noson. Ie, noson i'w chofio, yn maeddu pob noson arall. Daeth y mamau i roi cymorth llaw, gwragedd nas gwelwyd yn y festri ers blynyddoedd, ac wedi paratoi'n well ar ran eu meibion na fyddent byth wedi'i wneud ar eu rhan eu hunain.

Gwawriodd dydd yr arwerthiant. Roedd nifer o stondinau ar gael ac yn eu mysg stondin sborion. Cyrhaeddodd sacheidi o sborion, ac yr oedd yn amlwg o'r dechrau y byddai'n rhaid i ni werthu'r cyfan am y nesaf peth i ddim os oeddem am gael gwared â hwynt. Rhaid cyfaddef i ni wneud ffortiwn fach gyda'n hymdrech galed, ond gan i'n llwyddiant gyrraedd y fath uchelfannau, a chan i bethau bron â mynd allan o reolaeth, dyma'r arwerthiant olaf i'w gynnal gan ein capel ni hyd y dydd heddiw, ac am hynny rwyf yn wirioneddol ddiolchgar!

Terfynwyd y cyfan gyda chyngerdd mawreddog yn y capel y noson honno, a chafwyd noson i'w chofio. Ystyriem ein hunain yn ffodus iawn gan i gapel arall heb fod nepell i ffwrdd gynnal yr un math o noson, ond bu i honno ddiweddglo annifyr. Buont yn uchelgeisiol iawn a gwahodd gŵr adnabyddus a dylanwadol iawn ym myd cerddoriaeth i fod yn llywydd y noson. Cymerodd gwraig yr ysgrifennydd yn ganiataol y byddai'r bonheddwr yma'n dod adref gyda'i gŵr i gael pryd o fwyd cyn y cyngerdd, yn ôl yr arferiad. Prynwyd set o lestri te newydd gogyfer â'r achlysur, ond y tro yma yr oedd syniad gwahanol gan wraig y trysorydd. Teimlodd y dylai hi gael y llywydd i de, yn enwedig gan fod ganddi ferch yn dangos tipyn o dalent mewn cerddoriaeth, a phosibilrwydd y byddai angen cysylltiadau ym myd cerdd arni yn y dyfodol. Gŵr digon diymhongar oedd y trysorydd ei hun, yn bur wahanol

i'w wraig, a doedd arno fawr o awydd ymuno yn y gys-
tadleuaeth, ond mynnodd hi ennill y dydd. Ni bu fawr o
Gymraeg rhwng y ddau deulu ar ôl hynny, a chafodd y cyfan
effaith annymunol ar yr eglwys.

Deuthum i gredu'n gryf, ar ôl y profiad o redeg y 'Sale of
Work' yma, fod ochr waethaf y natur ddynol yn ffynnu ar gys-
tadlu, ac nad cythraul canu yw'r unig gythraul ar waith ym
mhentrefi'r wlad. Dyma theori a gadarnhawyd i mi ar achly-
suron eraill wedi hynny. Ar adegau byddai'n rhaid i'r capel
gynnal cyfarfodydd yr Henaduriaeth yn ei dro. Wrth gwrs
byddai bwyd yn eitem weddol uchel ar yr agenda a rhaid oedd
i wragedd y capel ei baratoi. Paratoid a gosodid y bwyd yn y
festri, ac yn ffortunus iawn roedd modd troi dwy ddesg a sedd
yn ford a dwy sedd. Yna ceid tua wyth bord yn eistedd tua deg
yr un. Y traddodiad oedd cael dwy wraig i ofalu am bob bord,
ac i'r fraint fawr honno ddisgyn i'r etifeddion o genhedlaeth i
genhedlaeth – fel oedd yn digwydd yn Nhŷ'r Arglwyddi, ond
mai gwragedd oedd y rhain. Bu bord gan fy mam, ond pan fu
farw ei ffrind heb olynydd benywaidd bu'n rhaid i Mam ildio'i
hawl. Cefais i fy hunan, pan oeddwn yn hŷn, wahoddiad i
ymuno â Hettie Ellen ar ei bord hi.

Cofiaf achlysur arbennig yn dilyn yr arwerthiant, pan gyn-
haliwyd pwyllgor yr Henaduriaeth yng nghapel Seion. Fel
arfer roedd yn rhaid paratoi gwledd yn y festri. Dyma gyfle
arall i Mam ddangos ei phŵer y tu ôl i'r llenni; penderfynodd
mai rhagori mewn treiffl oedd orau i'n bord ni.
Ymgynghorwyd â'r llyfrau coginio safonol, megis Mrs Beeton
ac Elizabeth Craig, a dewiswyd rysáit a ofynnai am addurno'r
treiffl â bisgedi rataffia a macarŵn. Doedd neb wedi clywed
am y bisgedi hyn yn y siopau lleol, ond nid amharodd hyn ar
frwdfrydedd Mam. Cysylltodd â pherthnasau oedd yn byw

yng Nghaerdydd, ac yn fuan iawn cyrhaeddodd parsel arbennig yn ein tŷ ni. Wedi'r holl ffwdan bu'r ymdrech yn werth chweil gan i rai o'r pregethwyr fwyta fwy nag un treiffl o'n bord ni. Mesurwyd y llwyddiant wrth nifer y treiffls a ddifawyd ar y gwahanol fordydd. Clywodd fy mam yr hyn oedd yn fêl i'w chlustiau hi a Hettie Ellen, sef bod y gwragedd eraill yn eiddigeddus iawn o'n hymdrech ni.

Ar ôl yr achlysur hwnnw, penderfynodd y Parch. Abel Price, yn ei fawr ddoethineb, roi terfyn ar y dwli cystadleuol a phlentynnaidd; dim rhagor o berchenogi bordydd. O hyn allan rhaid oedd casglu'r bwyd i gyd at ei gilydd, a'i rannu fel bod yr un faint a'r un peth ar bob bord. O ganlyniad, penderfyn-wyd cael dwy ford hir ar draws y festri. Roedd y rhan fwyaf ohonom yn falch iawn â'r newid, ond nid pawb, a gwelwyd yr hen deip yn cuddio'r gacen orau, yn gofalu fod y bobl bwysig yn eistedd gyda'i gilydd, ac yna'n dod allan â'r gacen a chyn-nig unrhyw ddanteithion blasus eraill iddynt.

Er ei bod yn bwysig i wragedd y capel ddangos eu sgiliau arbennig er lles yr achos, gallent hefyd fod o ddefnydd i gynorthwyo incwm y teulu. Yn ystod adeg dlawd fy mhlen-tyndod, trodd Mam ei llaw at helpu'n sefyllfa gyda gwaith gwnïo, er na chafodd unrhyw hyfforddiant proffesiynol yn y maes, dim ond ychydig yn yr ysgol gynradd. Coginio a gwnïo fu fy hoff orchwylion innau hyd y dydd heddiw, er na fu'n bosib i mi ddefnyddio'r sgiliau yma i ennill fy mara menyn; roedd hynny'n agored i'r cyfoethog yn unig yr adeg hynny. Doedd dim ysgoloriaethau yn y maes yma. Ar ôl i Mam orffen gwneud dilledyn, byddai rhai yn mynd â phob tamaid o ddefnydd sbâr gyda hwy, tra byddai eraill a wyddai am fy hoffter o wnïo yn gadael y cyfan ar ôl i mi, i'w ddefnyddio i wneud dillad i'm doliau – gwaith a oedd yn nefoedd imi. Pan oeddwn yn chwech oed gwnes ddatganiad mai cynllunydd dillad oeddwn i am fod, ond gwaetha'r modd methais wireddu fy mreuddwyd. Roedd gennyf ryw hanner dwsin o ddoliau; rhai wedi heneiddio gyda threigl amser a golwg ychydig yn druenus arnynt, ond edrychent yn llawer gwell wedi eu gwisgo mewn dillad ffasiynol. Pan welwn rywun yn gwisgo pilyn a gymerai fy ffansi, neu weld llun yn y papur newydd, mewn cylchgrawn neu gatalog, byddai un o'r doliau'n gwisgo'r efaill yn gloi iawn. Gallai fod yn siwt neu'n ffrog briodas; pleser oedd eu gwneud. Dywedodd fy hen athrawes yn yr ysgol gynradd cyn iddi farw, i'r prifathro ddweud wrthi pan ddechreuais yr ysgol, 'Mae haen o allu arbennig yn rhedeg yn ochr fenywaidd ei theulu; gofalwch ei feithrin.' Yn anffodus, ni ddaeth byth i'r amlwg, a chredaf i'r ychydig allu ym maes gwyddoniaeth a mathemateg fod yn fwy o dramgwydd nag o help i mi yn y pen draw.

Cofiaf yn dda un weithred ddrwg i mi ei chyflawni, gweithred y cefais gosfa go dda amdani a'm cadw yn fy ystafell wely heb fwyd trwy'r dydd. Roedd gennym hen goffr yn un o'r ystafelloedd gwely, ac un o'm pleserau i ar ddiwrnod glawog oedd archwilio'i gwpwrdd a'i ddroriau. Bob tro yr edrychwn gwelwn y defnydd arbennig yma, llatheidi a llatheidi ohono, a doedd dim sôn fod Mam yn bwriadu ei ddefnyddio. Roedd yn ddefnydd pert iawn, *paisley* coch, a breuddwydiais droeon am yr hyn y gallwn ei wneud ohono. Un diwrnod aeth y demtasiwn yn drech na mi, a chymerais siswrn a thorri cornel – rhyw ddeunaw modfedd sgwâr – allan o'r defnydd lliwgar. Ar y pryd doedd gen i ddim syniad beth i'w wneud, na sut y gallwn ei ddefnyddio heb i Mam fy ngweld, felly penderfynais ei blygu a'i adael y tu mewn i'r rhan arall o'r *paisley*. Yn anffodus i mi, mewn byr amser penderfynodd Mam wneud cwilt o'r defnydd. Roedd hi erbyn hyn wedi ychwanegu cwiltio at ei sgiliau, ac i wneud hynny defnyddiai ffrâm ar ben ford fawr y gegin; llanwai bron yr holl ystafell. Gwyddwn yn awr fod cosb i ddilyn. Mae'r cwilt gennyf o hyd, ac wrth edrych arno a gweld y tamaid cornel wedi ei wnïo'n ôl, caf fy atgoffa o'm drygioni pan oeddwn yn wyth oed. Ond tybed ai drygioni, ynteu teimlad o rwystredigaeth, oedd yn gyfrifol am y weithred anfaddeuol?

Treuliais lawer o'm hamser yn yr ystafell focs – ein hystafell ymolchi yn awr. Yno roedd hen gist fu'n mynd yn ôl ac ymlaen gydag un o'm hwncwliaid i America. Dyna hwyl oedd twrio o'i mewn, a dod o hyd i lyfrau, lluniau a chardiau post o fannau pellennig oedd yn llawn hud a rhamant i ferch fach. Cedwid hen wely pluf ar lawr yr ystafell, a nefoedd ar y ddaear oedd gorwedd yn gysurus ar hwn a darllen cynnwys y gist. Hefyd gallwn wisgo hen ddillad, hetiau a ffyriau oedd yn hongian yno, a'm ffansïo fy hun yn y drych ar y wal.

Fel roedd hi'n digwydd, roedd ffatrïoedd gwlân yr ardal yn eu hanterth pan oeddwn yn blentyn. Gwerthid y gwlân Cymreig yn y marchnadoedd a'r siopau yn yr ardal ac yr oedd yn gymharol rad. Ychydig yn arw oedd ansawdd y gwlân a'r edafedd, ond yr oedd iddo un fantais arbennig, sef na fyddai'n tynnu ato wrth ei olchi, fel y gwnâi gwlân ac edafedd arall. I'r gwrthwyneb, fe fyddai'n tueddu i ymestyn. Anodd iawn oedd categoreiddio'r edafedd, megis i dri thrwch, pedwar trwch neu drwch dwbl, ac felly anodd iawn oedd dod o hyd i batrwm y gallwn ei ddilyn. Rhaid oedd addasu'r rhan fwyaf ohonynt, ac roedd hynny'n dasg reit anodd. Fel plentyn bu raid i mi wisgo fest wedi ei gwau o'r edafedd yma, a oedd yn llawn olew a golwg fudr arno wrth ei brynu. Câi ei wau yn y cyflwr hwnnw, a doedd ond un patrwm addas i'w ddefnyddio at y fest, sef gwau dwy ochr yn union yr un fath: rib yn cynnwys rhesi o ddau bwyth plaen a dau bwyth pyrl, gyda thwll reit fach i'r pen fynd drwyddo, a lle i wau encil i mewn i'r ymyl oddi amgylch y gwddf fel y gellid ei dynnu'n dynn wedi gwisgo'r fest, gan sicrhau fod y frest yn cael ei chuddio i osgoi annwyd. Rhaid oedd i'r fest fod yn ddigon hir i gyrraedd dros y pen-ôl a ffitio'n dda y tu mewn i'r nicer neu'r trôns. Dyna'r sefyllfa ddelfrydol ar y dechrau, ond wedi llawer o olchi nid yn unig newidiai lliw'r fest i 'wyn fel y galchen', ond gallai fod wedi ymestyn i gyrraedd hyd at y pigyrnau bron, a rhaid oedd wedyn plygu a phletio'r crys dros y bol. Cadwai annwyd i ffwrdd o'r rhan hwnnw o'r corff, a chredaf pe byddai mwy o wragedd heddiw'n gwisgo'r festys gwlanen yma byddai llai yn dioddef o systitis. Ar y llaw arall, rhaid cyfaddef nad oedd yr edafedd yma'n garedig wrth y croen, a gallai achosi llawer o gosi; ond dôi gwellhad gyda llawer o olchi, a hyd hynny doedd dim i'w wneud ond goddef yn dawel.

Gwisgai'r dynion grysau a thrôns hir wedi eu gwneud o wlanen Gymreig a oedd wedi ei gwau yn y ffatrïoedd lleol. Gwisgai'r gwragedd hefyd nicersi o'r un wlanen, a'r rhain yn cyrraedd hyd at eu pengliniau. Roedd iddynt batrwm hynod, yn ffitio'n llac dros y corff, gyda bandyn tyn oddi amgylch y canol a'r pengliniau ac agoriad mawr rhwng y coesau fel nad oedd angen eu tynnu i lawr i fynd i'r tŷ bach. Yn ychwanegol at Mam roedd gwniadwraig arall yn y pentref, a honno wedi derbyn hyfforddiant, ond pan fyddai'n gwnïo trôns, methai'n lân â chael y ddwy goes yr un hyd. Yn fynych iawn gwelem y rhain yn ymddangos yn ein tŷ ni a gwraig y perchennog yn ymbil ar Mam i gywiro'r gwall; naill ai byrhau neu ymestyn un o'r coesau, yn ôl yr angen, cyn i'r gŵr eu gweld. Nid oedd y dasg hon mor hawdd â hynny, a braidd yn amhosibl pan oedd

angen ymestyn, gan nad oedd fawr ddim defnydd yn sbâr.
Wrth gwrs roedd camgymeriadau tebyg yn rhoi hwb mawr i
fusnes Mam.

Fel ymhob oes byddai mwy o steil yn perthyn i wisg y bobl
gyfoethog na'r tlawd, ond roedd hefyd rai nad oedd mor
gyfoethog yn ymdrechu'n galed i wisgo'n well na'u ffrindiau
a'u cymdogion. Cofiaf am sampl o gotiau mewn bocs hir, fflat
yn cyrraedd ein tŷ ni gyda'r bws o'r dref, a chawsant eu cadw
gennym hyd nes i was y fferm gyfagos ddod i'w mofyn, i
wragedd y fferm gael gwneud eu dewis. Yn y bocs roedd
hanner dwsin o gotiau hyfryd, a chafodd Mam a Modryb
Nell hwyl arbennig yn rhoi trei arnynt, cyn iddynt gael eu
casglu. Teimlai'r ddwy yn llawn balchder o edrych yn smart
am ychydig funudau yn unig, y tu mewn i bedair wal eu
cartref, heb i neb eu gweld. Rhaid dweud i Mam, gyda llawer
o brofiad, ddod yn wniadwraig bur dda, yn dangos llawer o
ddychymyg. Wedi gweld y cotiau hyfryd o'r siop, teimlodd hi
ac Anti Nell chwant bobo got newydd. Doedd dim gobaith
medru fforddio eu prynu, felly beth am eu gwneud? Un
catalog oedd ar gael i'r werin y pryd hynny, sef un J.D. Williams
o Fanceinion. Danfonwyd am samplau o ddefnydd, ac wedi
cryn dipyn o astudio'r dewis, penderfynwyd ar batrwm brith
o frown tywyll a brown golau i Mam ac un du a llwyd i Anti
Nell. Dewiswyd patrwm i wneud y cotiau o Weldon's a oedd
yn hysbysebu yn y papur Sul. Cot a lynai'n dynn am y corff
gyda sgarff i'w thaflu dros un ysgwydd ydoedd. Ychydig yn
ddiweddarach, aeth Mam i mewn i'r siop yn y dref o'r lle y
daeth y cotiau hynny fel sampl i wragedd y fferm. Gwisgai ei
chot newydd, a gofynnodd y perchennog iddi, 'Maddeuwch i
mi, ond a fyddai gwahaniaeth gyda chi ddweud wrtha i ble
prynoch chi'r got ffasiynol yna?' Synnodd yn fawr o glywed

mai hi oedd wedi ei gwneud. Mae'n syndod beth all dyn ei gyflawni pan fydd raid.

Yn ein mysg roedd gwraig dra phwysig o'r enw Mrs Jones-Davies a fyddai'n siopa yn yr un siop ddillad, a fyddai hi byth yn ystyried edrych ar ddilledyn os nad oedd yn un y tu hwnt o ddrud. Doedd ots yn y byd ganddi sut oedd hi'n edrych mewn gwisg newydd, cyn belled ag y gallai ddweud wrth bawb faint oedd wedi gostio. Gorchmynnid i'r staff godi pris unrhyw bilyn y byddai Mrs Jones-Davies yn cymryd ato, yn ôl swm o hanner cant y cant. Roedd hynny'n haws y dyddiau hynny am y byddai tag y pris mewn côd.

Mam fyddai'n gwneud fy holl ddillad, er mwyn arbed arian prin. Er hynny roedd gennyf fodryb gyfoethog heb blant, sef Anti Sally, a ymgymerodd ar un adeg â'r gwaith o'm dilladu. Roedd ei chartref yn y Rhondda, a nawr ac yn y man âi i adran blant siop Howells, Caerdydd, rhoi fy mesur iddynt a'u cael hwy i ddanfon set gyfan o ddillad i mi. Cofiaf dderbyn cot werdd olau, ffrog wen crêp sidan a smotiau coch arni gyda het Banamâ wen. Methai pobl ddeall sut oeddwn yn gwisgo mor ddrudfawr. Roedd gennym ffrindiau yn byw mewn pentref cyfagos a chanddynt ferch yr un oed â mi ond yn llai o faint, a chafodd hi'r dillad ar ôl iddynt fynd yn rhy fach i mi. Roedd Anti Sarah yn garedig iawn ac yn aml dôi hi â defnydd i Mam i wneud dillad i mi. Wisgais i erioed ddillad ar ôl neb – tebyg nad oeddem yn adnabod neb o'r maint iawn – a chlywais i'r un sôn am ffair sborion pan oeddwn yn fach.

Ar ddechrau'r ganrif arferid gwisgo dillad du i angladdau a hefyd i'r cyrddau yn y capeli; rhaid oedd gwisgo dillad parch i fynychu lle o addoliad. Ffordd boblogaidd o gynilo gwario ar ddillad oedd lliwio hen rai i edrych fel newydd. Roedd gan Mam siwt ddu, blows wen a het ddu. Un gwanwyn, teimlodd ei bod hi'n bryd cael newid, a lliwiodd y flows yn felyn, lliw'r daffodil, gan ychwanegu rhuban melyn ar yr het. Credais fod y cyfan yn edrych yn rhyfedd o ddi-chwaeth ond roedd Mam wedi ei phlesio'n fawr. Pan fyddai cynfasau gwely'n dangos gwendid yn y canol rhaid oedd eu troi, gwnïo'r tu fas gyda'i gilydd a thorri lawr drwy'r canol a hemio'r ochrau newydd. Wedi i'w bywyd ddod i ben yn gyfan gwbl fel cynfas gwely, roedd modd achub ambell damaid o hyd. Lliwio'r rhain oedd y drefn a'u defnyddio fel cwrtensi i ffenestri bach a sgertiau i fordydd gwisgo. Lliwiwyd cwrtensi a oedd wedi dioddef gan yr haul hefyd; rhaid oedd i bopeth edrych yn lân a llewyrchus yn y gwanwyn. Câi'r welydd eu papuro'n aml gan fod y plastar mor wael fel y byddai'r papur yn syrthio i ffwrdd ar ôl peth amser, yn enwedig os bu halltu mochyn yn agos iddynt. Defnyddient bast wedi ei wneud trwy gymysgu fflŵr a dŵr i lynu'r papur wrth y wal. Rhaid oedd golchi'r teils a llechi'r llawr bob dydd a byddai ambell wraig yn mynd i'r ffwdan o gasglu dail tafol a'u defnyddio i roi arwydd croes werdd ar y teils llwyd. Dyma ymgais i wella golwg y cartref yr oeddynt mor falch ohono.

Yn ystod yr Ail Ryfel Byd disgwylid i bob pentref gyfrannu tuag at achos y rhyfel mewn unrhyw ffordd bosib. Unwaith yr wythnos cynhelid cylch gwau yn ysgol y pentref, a oedd yn ysgol eglwys o hyd, a'r teulu bonheddig a drigai yn un o'r plastai lleiaf yn yr ardal oedd yn gyfrifol am y noson. Dim ond morwyn a garddwr oedd yn weddill erbyn hyn i dendio arnynt. Dôi'r wraig, warden yr eglwys, a'r ferch, a oedd yn un o reolwyr yr ysgol, â'r edafedd a fyddai wedi ei roddi gan ryw elusen neu'i gilydd i'r cylch gwau. Daeth yn amlwg nad oedd yr un o'r ddwy erioed wedi gweld dwy waell gwau heb sôn am eu defnyddio; credent mai rhywbeth i'r dosbarth gweithiol oedd gwau. I oresgyn eu hanwybodaeth penodasant hen forwyn iddynt, a briododd ddyn lleol, yn llinyn cyswllt rhyngddynt a ni. Saesnes wedi dysgu ychydig o Gymraeg oedd hon ac yn eglwyswraig selog. Penododd ei hun yn rhingyll, gan ddosbarthu'r edafedd, rhoi ordors i bawb beth i'w wneud a chadw llygad barcud ar ein gwaith. Gallai'r werin Gymraeg fod yn eitha snobyddlyd ac anghytunent yn fawr ynglŷn â sut yr oedd y cylch yn cael ei redeg. Iddynt hwy, morwyn o Saesnes oedd y wraig yma heb hawl ganddi eu rheoli. Hefyd ni chredent ei bod yn ddigon galluog a chymwys i'r swydd. Trwy lwc yr oedd ambell wraig ddoeth yn dod i wau, a llwyddwyd i berswadio'r lleill mai cyflawni gwaith da oedd yn bwysig, gan fod ein bechgyn yn dioddef llawer mwy yn ymladd dros ein rhyddid. Ar ôl hyn bu heddwch yn teyrnasu, ond dangosodd rhai eu hanfodlonrwydd hyd y diwedd. Roeddwn i'n mwynhau gwau ac yn cael hwyl wrth arbrofi gyda phatrymau cymhleth. Fy arbenigrwydd i oedd gwau pwlofers, ond teimlwn yn flin iawn ar ôl fy holl ymdrech mai bechgyn yn perthyn i'r eglwys fyddai'n eu derbyn bob amser. Mrs a Miss Parry Lewis fyddai'n penderfynu ar y dosbarthu. Doedd ryfedd ein bod yn teimlo'n anfodlon ar bethau, gan mai aelodau capeli oedd y mwyafrif ohonom.

Yn byw ar ein pwys roedd gwraig ddibriod o'r enw Margaret Reynolds a oedd wedi ymddeol ar ôl treulio oes yn forwyn bersonol i wraig fonheddig. Un dydd daeth i'n gweld oherwydd teimlai ddyletswydd i gyfrannu tuag at ymdrech y rhyfel. Ni chredai y dylai fynychu'r cylch gwau bob wythnos ond byddai'n barod i wau petawn i'n mynd ag edafedd iddi. Euthum â digon o edafedd iddi i wau pwlofer glas tywyll i forwr gyda brest 42 o fodfeddi. Doedd gennyf yr un syniad pa mor dda oedd ei gwau, faint oedd hi'n ei ddeall am densiwn a phethau felly, a theimlwn nad fy nyletswydd i oedd gofyn iddi. Rhybuddiais hi fod yr edafedd yn weddol drwchus a byddai angen gweill tew arni, yn y gobaith y deallai'r arwydd-ocâd.

Mae bron yn amhosibl credu fod y pwlofer, wedi ei orffen, a'r gwead yn berffaith, yn ddigon mawr i ffitio dyn â brest o 60 modfedd. Pan ddaeth â'r dilledyn gorffenedig i mi, ei hymateb oedd, 'Mae'n edrych ychydig yn fawr, ond dyna fe, pethau mawr yw dynion, a dilynais y patrwm trwy'r amser.' Rhaid oedd diolch yn foesgar iddi, a danfonwyd y pwlofer i'r Seaman's Club yn Llundain, gan nad oedd gennym eglwyswr digon mawr i'w ffitio! Mewn peth amser derbyniwyd llythyr oddi wrth ryw is-swyddog yn y Llynges a oedd yn ddiolchgar iawn i dderbyn y pwlofer gan nad oedd neb wedi llwyddo i wau un digon mawr iddo. Ni ofynnodd Miss Reynolds am ragor o edafedd; dyna fu ei hunig gyfraniad, ac roeddem yn ddiolchgar am hynny!

Bach, Bach yw Eisiau Dyn

Nis gwn i fawr am fyw
Mewn rhwysg a gwychder byd;
Ond diolch gwn beth yw
Gogoniant bwthyn clyd;
Ac eistedd hanner awr
Tan goeden ger fy nôr
Pan aiff yr haul i lawr
Mewn cwmwl tân i'r môr.

Ceiriog

TEULUOEDD mawr oedd yr arfer ar ddechrau'r ganrif ac yr oedd nifer y marwolaethau ymysg plant yn uchel. Doedd dim gwrthfiotig, dim trallwysiad gwaed na dyfeisiau atal cenhedlu ar gael, ac roedd yna dlodi na all yr ifanc heddiw ei ddychmygu. Prin oedd bwyd maethlon, a thrigai pobl o dan amodau brawychus. Peth digon cyffredin oedd cael gŵr a gwraig ac wyth neu ragor o blant yn byw mewn tŷ dwy ystafell gyda dowlad, dim tap dŵr y tu mewn, dim sôn am drydan, ac roedd y tŷ bach yng ngwaelod yr ardd.

Fe allai bywyd fod yn beryglus iawn ar y fferm, gydag amryw ddamweiniau cas, megis yr hyn a ddigwyddodd i fy hen wncwl Griff. Hen lanc ydoedd a ddychwelodd i ffermio yma ar ôl treulio blynyddoedd yn gwneud hynny yn Seland Newydd. Wrth ddyrnu, aeth grawn yn ddamweiniol i mewn i gornel ei lygad ac aros yno. Roedd ef yn credu ei fod wedi cael y grawn allan, ac anghofiodd y cwbl amdano; ni ddyweddodd yr un gair wrth Anti Sarah a oedd yn ei helpu ar y fferm ym Mwlch-clawdd. Ond heb yn wybod iddo roedd rhan o'r grawn ar ôl, a chyda threigl amser dechreuodd grawnu ac yn y diwedd droi'n gancr. Erbyn iddo benderfynu gweld y meddyg ac yna arbenigwr roedd hi'n rhy ddiweddar iddynt argymell unrhyw driniaeth. Er ei fod yn cael morffia nid oedd y faint a ganiateid yn ddigon i leddfu'r boen ddirdynnol felly arferai ffrind i'r teulu a oedd yn fferyllydd yng Nghaerdydd anfon cyflenwad iddo'n dawel fach yn gwbl groes i'r gyfraith. Yn ôl blaenor yn yr eglwys, doedd hyn yn ddim ond 'cymorth i groesi'r afon'.

Roedd Anti Sarah wedi dyweddïo ar y pryd, ond penderfynodd Stephen, ei dyweddi, gadw draw pan glywodd fod cancr ym Mwlch-clawdd. Tebyg y credai fod y clefyd yn heintus fel y dicléin. Ofnai amdano'i hun gan adael Anti Sarah i wynebu'r cyfan heb ei gymorth ef. Roedd hi'n berson llawn hwyl a chwerthin cyn hynny, ond fe drodd yn chwerw ar ôl i Stephen ei bradychu. Yn eironig ddigon, ar ôl iddo briodi â rhywun arall bu farw'n ifanc o gancr ei hun. Mae'n debyg iddo ofyn ar ei wely angau am weld Anti Sarah er mwyn erfyn am faddeuant am gefnu arni fel y gwnaeth mewn anwybodaeth ac ofn.

Er gwaetha'r holl beryglon a ddôi o ddamweiniau tebyg i un Wncwl Griff, y gelyn pennaf oedd clefydau megis difftheria, y frech a'r dwymyn goch. Aeth y dicléin yn rhemp drwy'r boblogaeth ar ddechrau'r ganrif gan fwrw i lawr yr ifanc a'r plant gan nad oedd ganddynt gryfder i'w wrthsefyll na gwella ohono. Bu farw tri o blant allan o deulu o ddeg yn y pentref. Roedd dwy ohonynt yn ferched ifainc wedi dechrau eu teuluoedd eu hunain, a'r llall yn ferch ysgol. Bu farw'r fam ei hunan cyn cyrraedd deugain oed. Am fod y plant yn cael eu geni mor aml byddai'r fam a'r babi'n wanllyd ac ni fyddai modd cynhyrchu digon o laeth i fwydo'r plentyn ar y fron. Os gallai'r rhieni fforddio talu, byddent yn cyflogi mamaeth i roi llaeth y fron i'r plentyn, a digwyddodd hyn i un o'm hwncwliaid. Tyfodd yn fachgen cryf a theg yr olwg, a chafodd lawer o ffwdan gan y rhyw fenywaidd yn ystod ei oes. Tynnai'r teulu ei goes mai'r hyn a ddigwyddodd iddo pan oedd yn fabi oedd yn gyfrifol am hynny. Sugno'r fron oedd yr unig fodd o atal cenhedlu a byddai'r fam yn gwneud hynny cyhyd ag oedd yn bosib. Bwydodd un fam ei phlentyn ar y fron am dair blynedd, er mawr gost i'w hiechyd, a bu farw o'r dicléin mewn byr amser wedyn.

Cefais afael mewn hen garden post yn y cwtsh dan stâr, gyda'r dyddiad 1909 arni. Fe'i hanfonwyd at Anti Nell, a oedd gartref ar y pryd, gan gymydog, Ianto, a oedd yn yr ysbyty yng Nghaerdydd. Deallais ei fod yn cael trafferth gyda chwarren y thyroid. Profai hyn fod y werin bobl yn medru cael triniaeth arbennig yn y dyddiau cynnar hynny. Dwn i ddim pwy dalodd am y driniaeth oherwydd nid oedd modd i'w rieni wneud hynny. Nid oedd Ianto wedi bod oddi cartref o'r blaen ac ni allai ei rieni fynd gydag ef nac ymweld ag ef gan fod Caerdydd yn rhy bell a chostus i fynd yno. Bu'r llawdriniaeth yn llwyddiant ond bu'r clwyf yn hir yn gwella a rhaid oedd wrth ryw fath o driniaeth ychwanegol, a ddisgrifiai Ianto fel 'X-ray treatment'. Er ei fod yn ei ugeiniau, bu bron â thorri calon ei fam drwy ddanfon llythyr adref bob dydd yn cwyno am un peth neu'r llall. Gwnaeth fy mam ac Anti Nell a nifer o'r cymdogion eu gorau glas i godi ei ysbryd trwy ddanfon llythyron a chardiau post ato, ond i ddim pwrpas. Trigai gwraig o Flaen-y-groes yn y ddinas ac ymwelai hi â'r claf yn bur aml, ond serch hynny achwyn fyddai Ianto heb ddiolch am ddim. Ni siaradai ddim ond Cymraeg, ond yn Saesneg yr ysgrifennai.

Dyma oedd ar y garden a ddanfonodd at Anti Nell:

> Dear Nell,
>
> I recieved your P.C. this morning and I was
> very pleased to have him and now that you are
> quite well. I am quite well thank you but my
> neck is all right but that little spot is very slow
> yieling up. I am under exrise tratment three times
> a week, this is trying to yiel him up quick.
> Perhaps it will take a long time to yeil up again I
> dont now. I would like to come home before
> long my heart is very low. I am going down
> again to exrise to see inside if he is getting on
> allright. Thank you very mush for the picture of
> old Blaen-y-groes he is looking very nise, write
> soon.
>
> > From your sincire friend
> > Eanto.

Er gwaethaf holl ofidiau Ianto, gwellodd ymhen amser ac aeddfedodd i fod yn ŵr o gymeriad solet, yn flaenor yn ei gapel, a bu fyw i oedran parchus iawn.

Doedd fawr y gallai'r doctor ei wneud, ar wahân i edrych yn y cwpwrdd bwyd ac ambell waith ei lanw o'i boced ei hunan. Cefnder fy mam-gu oedd y meddyg teulu yn yr ardal hon ar ddechrau'r ganrif, cefnder hefyd i'r rebel Caradoc Evans, ond gŵr hollol wahanol ei anian. Byddai bob amser yn anfodlon gweld teuluoedd tlawd yn gwisgo'r ymadawedig yn eu dillad gorau a'u hychydig aur. Gwyddai mor bwysig oedd eu harian prin ac yr oedd modd gwerthu gemau i brynu bwyd. Roedd gan bob gwraig briod fodrwy briodasol o leiaf. Gallai marwolaeth ddigwydd mewn teulu ar unrhyw adeg ac yr oedd claddu'n ddrudfawr yr adeg honno hefyd.

Cynhyrfwyd Dr Powell un tro pan fu raid iddo alw arbenigwr i weld claf, ffermwr o dan ei hanner cant oed. Ef oedd y pen-teulu a doedd fawr o obaith am wellhad, yn ôl y doctor. Dôi'r arbenigwr o Gaerdydd, a disgwyliai hwnnw bryd o fwyd. Doedd dim tâl arferol i'w dalu; dibynnai ar air y meddyg gan gymryd i ystyriaeth safle ariannol y teulu. Eglurodd Dr Powell hyn oll iddynt, gan eu hargymell i beidio â cheisio ymddwyn fel pe baent yn well na'r hyn oeddynt, sef ffermwyr cyffredin y dydd yn gweithio'n galed i gael dau ben llinyn ynghyd. Hefyd datganodd mai doeth fyddai rhoi pryd o fwyd syml ond blasus iddo. Ydych chi'n meddwl am un eiliad iddynt wrando arno? Gwisgodd y gwragedd yn eu dillad gorau ac arddangos unrhyw emwaith oedd yn eu meddiant. Lladdwyd yr ŵydd drymaf a fyddai wedi bod yn gymorth mawr i'w pocedi gwag adeg y Nadolig. Paratowyd gwledd fawr fel cinio Nadolig gyda threiffl wedi ei orchuddio â digonedd o hufen a fyddai fel arfer yn cael ei ddefnyddio i wneud menyn. Aeth y doctor yn fud. Doedd dim y gallai ei wneud, a thalwyd y swm uchaf posib i'r arbenigwr. Roedd cyflwr iechyd y ffermwr yn ddrwg a bu farw mewn byr amser gan adael y teulu'n eithaf tlawd.

Yn fynych byddai Dr Powell yn dod â bwyd i'r tai neu'n gofyn i fy mam-gu drefnu help pan oedd angen. Gofynnai hi yn aml iddo, 'Sut mae'r cleifion yn medru dy dalu?' Yr un ateb oedd ganddo bob tro, 'Paid becso, mae Fitzwilliams a'i debyg yn fy nghadw', gan gyfeirio at y gwŷr bonheddig lleol. Roedd yn ddoctor poblogaidd iawn a'i gleifion oll yn meddwl y byd ohono, a phan fu farw yn 1917 daeth yr ardal gyfan i dalu'r deyrnged olaf iddo:

Ddydd ei arwyl daeth y gwladwyr dros y llwybrau'n fintai fawr,
Ac roedd hiraeth bro yn crynu'r canu am y 'Newydd Wawr,'
Gwelwyd yno lawer henwr, lawer gweddw lesg ei cham,

Oni wyddai pawb o'r dyrfa, gwyddent hwy a'r nef paham;
Braint oedd iddynt yn eu henaint gerdded llawer milltir flin
I roi teyrnged fach i'r marw a'u rhagflaenodd dros y ffin.

Gwili

Roedd y bobl yn garedig a chymdogol, a pha le bynnag
oedd eisiau, byddent wrth law i helpu – rhai'n fwy parod na'i
gilydd, wrth gwrs. Doedd neb yn ceisio dangos gwrhydri per-
sonol; dyna'r ymddygiad a ddisgwylid yn y gymdeithas, yr un
fath ag a ddisgwylir gan y Wladwriaeth Les heddiw, ond heb
sôn am dâl.

Arferid cymysgu moddion gartref o gynhwysion a oedd ar
gael yn gyffredin. Roedd gwin blodau a ffrwyth y goeden
ysgaw yn dda at annwyd a pheswch a phrofodd fy mam ei rin-
weddau ar un achlysur arbennig yn 1933. Bu raid iddi fynd i'r
dref, ryw saith milltir i ffwrdd, adeg eira mawr y flwyddyn
honno. Dim ond dechrau bwrw eira oedd hi pan aeth ar y
bws, ond erbyn iddi ddod yn amser iddi ddychwelyd roedd y
bysiau wedi rhoi'r gorau i deithio, felly rhaid oedd hurio tacsi.
Methodd hwnnw â mynd yn nes na dwy filltir i'w chartref, a
gorfu iddi gerdded y rhan olaf o'r daith. Bu'n ymdrech galed
a'r gwynt cryf yn chwipio'r eira'n lluwchfeydd ar draws y
ffordd. Roedd Mam yn lluddedig iawn ac wedi cael cryn ofn
erbyn iddi gyrraedd adref, ond ar ôl yfed llond basin o win
ysgaw twym fu hi fawr gwaeth.

Arferai pobl gymryd llwyaid o halen Epsom neu Kruschen
bob bore i gadw'r bola'n iach a'r crydcymalau draw. Trigai
teulu o'r enw Elias yn y pentref a châi'r pum plentyn ddos dda
o *salts* bob bore Sadwrn; buont oll fyw i oedran teg. Te senna
oedd fy niod i, gyda llaeth a siwgr wedi eu hychwanegu. A all
unrhyw un ddychmygu yfed unrhyw beth mor dröedig?
Mae'n codi cyfog arnaf wrth feddwl amdano, er mae'n debyg

y byddai wedi blasu'n well heb y llaeth a'r siwgr. Anghofia i byth y seremoni i'm cael i yfed y senna pan oeddwn yn fach iawn. Byddwn yn cael fy nghornelu ac yna'n gorfod cystadlu â llygoden ffrengig ddychmygol – ie, yr hen lygoden – am y ddiod. Pan fyddai'r amynedd yn pallu yna rhaid oedd defnyddio tacteg arall, un greulonach, sef dal fy nhrwyn a'm trensio fel pe bawn yn anifail. Teimlais lawer o gydymdeimlad â'r da pan ddaeth i'm rhan i'w trensio hwythau.

Cedwid saim gwyddau gan y rhai a gâi ŵydd i ginio Nadolig, a chan y ffermwyr cefnog a baratoai ŵydd ar gyfer cinio arbennig i'w tenantiaid a'u gwasanaethyddion ar Ddydd Calan. Defnyddid y saim i'w rwbio yn y frest gan bobl a ddioddefai gan froncitis neu ryw anhwylder o'r fath. Rhennid y saim rhwng y cleifion pan oedd angen. Gwynnwy oedd y feddyginiaeth at ddolur rhydd, a phan fyddai lloi bach yn dioddef o'r clefyd hwn rhoid wyau iddynt eu llyncu, plisgyn a chwbl. Delid eu ceg ar gau i sicrhau fod yr wy yn mynd i lawr i'r stumog.

Roedd fy nhad-cu yn globyn o ddyn cryf â breichiau mawr cyhyrog. Wrth weithio ar do uchel Plas Glanaber un tro, syrthiodd o ben yr ysgol gan dorri'i fraich yn uwch na'i benelin. Rhoddodd y meddyg yr asgwrn yn ei le, rhwymo rhan uchaf y fraich a'i rhoi mewn sling, gan gredu fod digon o gyhyr o amgylch yr esgyrn i hybu'r cydio. Yna dywedodd wrth fy mam y byddai'n dibynnu llawer arni hi gan y byddai'n rhaid iddi gymhwyso'r sling yn fynych, nos a dydd, gan ofalu na fyddai'n slacio ar unrhyw gyfrif. Hefyd disgwylid iddi rwbio olew'r olewydden ar y croen yn y man a anafwyd, i gael tynnu'r cleisiau i'r wyneb, a hyn am o leiaf ddeng niwrnod. Yn gloi iawn gwelwyd clais mawr du yn amgylchynu'r fraich, ac ymhen ychydig o wythnosau roedd pob peth drosodd a Tadcu fawr gwaeth. Yn y dyddiau hynny dibynnai cymaint ar nyrsio da, os nad yn fwy nag ar y feddygyniaeth oedd ar gael.

Afiechyd a boenai dynion, heb fod modd gwneud llawer yn ei gylch, oedd problem y chwarren brostrad. Un prynhawn o haf galwodd Dai Owen, y cigydd lleol, i ddweud fod ei dad-yng-nghyfraith mewn poenau dirdynnol ac yn methu pasio dŵr. Bu'r doctor yn ei weld ac awgrymodd fàth twym. Apeliwyd ar fy mam, a oedd yn nyrs reit dda ar ôl cael digon o bractis gyda'i theulu ei hunan, i ddod i helpu. Y cam cyntaf oedd dod o hyd i fàth. Nid oedd hyn yn broblem oherwydd roedd twba sinc gennym ni, ac euthum gyda Mam yr hanner milltir i Gwm-bach i helpu cario'r twba. Fel ym mhob bwthyn o'i fath, roedd lle tân agored a boeler ar ei bwys yn cael ei lanw â dŵr oer i'w dwymo gan y tân, felly roedd cyflenwad o ddŵr twym ar gael. I gael digon o ddŵr twym ar gyfer y bàth roedd angen llond y boeler a sawl llond tegell harn o ddŵr wedi ei ferwi ar y tân agored. Erbyn i'r amser ddod i roi Jonah, a oedd yn ddyn enfawr, yn y twba, roedd pawb wedi anghofio amdanaf i. Roedd gweld y cawr mawr noeth yma'n llefain yn uchel mewn poen mor atgas i mi, a minnau ond rhyw ddeg oed, nes i mi ruthro allan o'r tŷ a rhedeg adre pentigili.

Does dim sôn y dyddiau hyn am y clefyd *scrofula*. Arferai redeg mewn teuluoedd o dan yr enw 'clefyd y brenin' oherwydd y gred y gellid ei wella drwy gyffyrddiad y brenin. Gellid adnabod y dioddefwyr wrth eu clustiau; gelwid hwy yn 'glustiau bresych' canys effeithiai'r clwyfau ar y tu allan i'r clustiau a'u gadael ar ddelw dail bresych. Gwelid creithiau ar yddfau'r dioddefwyr a gwisgent sgarff bob amser. Clefyd y dynion oedd yn hytrach na'r gwragedd, a chredid ei fod yn peri iddynt wylltio'n rhywiol. Mae'n debyg y byddai doctor a

berthynai i deulu lleol ac a ddioddefai o'r clefyd, yn mynd i
ymlacio ar un o'r traethau cyfagos yn ei oriau hamdden. Pan
gyrhaeddai, ni fyddai fawr o amser cyn i'r gair fynd ar led ei
fod yno, a disgwylid i bob gwraig ifanc ar ei phen ei hun sefyll
yn y tŷ a chloi'r drws nes cael yr *all clear.* Mae'n amheus gen-
nyf i faint o wirionedd sydd yn y stori oherwydd roedd gan y
doctor bractis llwyddiannus iawn nid nepell i ffwrdd.

Hen glefyd arall y clywid sôn amdano a effeithiai ar
ddynion yn unig oedd yr afu wen. Does gennyf yr un syniad
beth oedd natur y clefyd, a chwrddais i â neb arall a wyddai
chwaith. Yn ôl y sôn roedd yr afiechyd yn lladd gwragedd y
dioddefwyr. Dywedid i un gŵr, Shams Tynewydd, golli tair
gwraig o ganlyniad i'r clefyd hwn, un ar ôl y llall. Does fawr o
amser oddi ar i un wraig o'r pentref farw a hithau'n tynnu am
ei chant oed. Bu hi'n dioddef ac yn cadw i'w gwely am saith
mlynedd ar ôl iddi briodi. Doedd neb yn gwybod beth oedd
o'i le arni ond roedd sibrydion yn mynd o amgylch fod Simon
y gŵr, er i bob ymddangosiad allanol yn holliach, yn ysglyfaeth
i'r clefyd. Ni anwyd plant iddynt. Faint o wir sydd yn yr hanes
yma eto, dwn i ddim.

Tyfai plant i fod yn gyfarwydd â marwolaeth. Roedd par-
lwr gan y mwyafrif o dai, ac yno cedwid y cyrff yn yr arch hyd
ddydd yr angladd. Ni chaeid yr arch tan y funud olaf, gan roi
cyfle i unrhyw un a ddymunai wneud hynny, edrych ar yr
ymadawedig. Dewisai llawer o'r teulu gael y cyfle hwn cyn
symud y marw i'w fedd. Anghofia i byth y canu ar lan y bedd
mewn angladdau; anfonai ias drwof a chawn ryw deimlad fy
mod i ar y ffordd i'm cartref ysbrydol. Cenid yr un emyn bob
amser, sef pennill o emyn David Charles:

> O fryniau Caersalem, ceir gweled
> Holl daith yr anialwch i gyd.

Bu farw plentyn yn nhŷ cymydog yn 1910 a gwaharddwyd y plant eraill rhag mynd yn agos i'r parlwr lle gorweddai'r corff. Ond un noson pan oedd eu rhieni allan o'r tŷ, dyma nhw'n cynnau cannwyll, yn dwyn siwgr brown o'r cwpwrdd ac yn sleifio i lawr i'r parlwr. Eu bwriad oedd adfywio'r plentyn drwy agor ei lygaid a'i fwydo â'r siwgr. Y canlyniad fu i'r corff gael ei orchuddio â gwêr cannwyll a siwgr brown. Pwy allai eu beio? Anodd iawn oedd iddynt ddeall fod eu chwaer fach Dori wedi eu gadael am byth.

Ymwelydd cyson â'r cartrefi lleol oedd yr Arolygwr Iechyd. Ef fyddai'n rhoi'r gorchymyn i losgi'r gwelyau pluf ar ôl twymyn, a diheintio'r tŷ yn gyfan gwbl. Roedd chwain yn bla, oherwydd cariai'r cŵn a'r cathod hwy, a'u hoff gartref oedd y gwelyau pluf. Anodd oedd deall sut y byddai gan berson o gartref glân dros ben gymaint o ôl pigiadau chwain drosto. Doedd dim parch gan y pryfed at unrhyw un, a doedd powdwr Keatings fawr o help i gael gwared ar y sugnwyr gwaed. Tybiai pawb fod dyfodiad y gwenwyn pryfed D.D.T. wedi dod ag ateb i'r broblem ar unwaith, a rhaid cyfaddef pa faint bynnag o ddrwg a wnaeth, cafodd wared ar y chwain, ac roedd nifer mawr o'r werin bobl yn anfodlon pan waharddwyd ef yn ddiweddarach.

Dynion digon cyntefig oedd y rhai a alwent eu hunain yn ddeintyddion gwlad yn gynnar yn y ganrif. Cafodd fy mam ei phoeni gan ddant molar a dyfai i lawr i'r asgwrn, a thynnodd un o'r *quacks* y dant â phinswrn heb iddi gael dim i leddfu'r boen. Gofynnai iddi ei hun yn aml sut y bu iddi ddioddef y fath drini-aeth a dim ond craith fach i'w gweld ar ei gên yn dyst i'r cyfan.

Cynhaliai deintydd feddygfa ym Mharcderyn rhyw unwaith y mis i gwrdd â phobl leol a oedd ag angen triniaeth. Mewn gwirionedd doedd ond un math o driniaeth ar gael, a hynny oedd tynnu'r dannedd, felly roedd hi'n ddigon naturiol i bawb oddef gymaint ag oedd yn bosib cyn mynd at y deintydd. Ar ôl cyrraedd, y cyntaf peth fyddai ei angen ar Jones Maesglas oedd hanner bwcedaid o ddŵr oer. Cwato yn y gegin fach oedd fy hanes i, ond ni lwyddais i osgoi sŵn sgrechen y dioddefwyr. Doedd dim sôn am gyffur i leddfu'r boen. Yn ddiweddarach daeth *cocaine* yn boblogaidd at ddefnydd deintyddion, ac wedyn nwy, er mawr hwylustod i bawb.

Rwy'n dal i gofio'r bwced yn llawn dŵr gwaedlyd yn cael ei gario allan i'r domen. Gan fy mod bob amser yn llawn chwilfrydedd, rhaid oedd mynd i sbecian ar y domen i weld beth oedd cynnwys y bwced. Yn gorwedd yno yr oedd nifer o ddannedd anferthol yr olwg, gan brofi fod mwy o lawer o'r dant o'r golwg dan yr wyneb nad oedd i'w weld yn y geg. Welais i erioed y fath beth: hen bethau wedi pydru'n frown, gyda'r gwraidd yn fforchio allan i ddau bigyn main a darnau o gig yn dal ynghlwm wrthynt! Golygfa i godi hunllef ar unrhyw blentyn! Er mawr syndod, chlywais i erioed am neb yn derbyn niwed parhaol ar ôl y driniaeth erchyll, ond rwy'n sicr i lawer o bobl deimlo'u cegau a'u genau yn bur dost am beth amser. Credid ar y pryd fod triniaeth Jones Maesglas yn un reit fodern a heb fod mor boenus â'r rhelyw, oherwydd yr arfer oedd i unrhyw un â phinswrn a bôn braich gref wneud cymwynas ag un o'i deulu, ffrind neu gymydog, drwy dynnu'r gelyn. Parhaodd yr arferiad o ddeintyddion teithiol am nifer o flynyddoedd, a phan sefydlwyd meddygfeydd mwy modern yn y trefydd, gwell gan lawer o'r werin oedd cael eu trin mewn tai preifat yn agos i'w cartrefi.

Arferai doctoriaid hefyd ddod allan i'r wlad a rhentu ystafelloedd am rai oriau mewn gwahanol fannau i weld eu cleifion. Gan mai prin oedd cyfleusterau teithio, roedd y system hon yn hwylus iawn. Erys yr arferiad o hyd, drwy gynnal meddygfeydd mewn neuaddau pentrefi ar hyd ac ar led gwlad. Gwerthfawrogir y gwasanaeth hwn yn fawr, yn enwedig gan yr oedrannus na allant yrru car bellach ond sydd eto'n hoffi bod yn annibynnol.

Fu dim cyfleusterau modern tan ar ôl yr Ail Ryfel Byd yn ein tŷ ni, ond roedd gennym dŷ bach yn agosach i'r tŷ ac Elsan ynddo. Wrth gwrs roedd agosatrwydd hwn at y tŷ yn fantais yn y tywyllwch ond collwyd y rhamant o gael tŷ bach lawr yng ngwaelod yr ardd. Adeiledid y tai bach mewn mannau cuddiedig fel y gallem eistedd yno a'r drws ar agor yn mwynhau'r blodau, y gwyrddni a'r awyr las a sŵn yr adar yn canu ar ddydd o wanwyn neu haf. Cyfaddefaf nad oedd rhedeg i lawr yr ardd ar noson stormus, dywyll o aeaf lawn mor rhamantus, ond gwnaed iawn am hyn eto pan fyddai'n noson rewllyd sych a'r lleuad yn llawn a llond yr awyr o sêr. Pan oeddem yn ifanc doeddem yn malio dim am yr oerni a'r glaw. Cerddem i bob man a hynny sawl milltir weithiau, i gyngerdd neu eisteddfod. Byddai nifer ohonom yn mynd gyda'n gilydd a chaem lawer o hwyl. Rwy'n synnu weithiau nad oes gennyf yr un cof iddi fwrw glaw o gwbl pan oeddwn yn ifanc hyd nes i mi fynd i goleg Aberystwyth a gwlychu'n stecs wrth gerdded ar hyd y prom i gicio'r bar!

Saif cof am rai o dai bach yr ardal yn fy meddwl o hyd. Yng nghartref fy ffrind Mair roedd adeilad sylweddol wedi ei adeiladu o gerrig, a thwlc mochyn yn semi iddo, gyda tho o lechi. Un o'r tai a adeiladwyd ar gyfer deiliaid Plas Glanaber oedd cartref Mair, ac wedi ei adeiladu'n dda. Doedd dim mochyn yn y twlc bellach a chedwid glo ynddo. Dyma le bach cysurus dros ben gyda sedd â dau dwll ynddi a chaead arnynt, yn cael ei gadw'n lân a'i wyngalchu unwaith bob blwyddyn. Doedd dim sôn am bapur tŷ bach felly defnyddid y *Gazette* lleol gydag unrhyw bapur sbâr a gâi ei storio yno. Weithiau gallai brofi'n stwff gwerth ei ddarllen. Treuliodd Mair a finnau lawer o amser yno yn siarad a darllen. Gyda'r drws ar agor wynebem glawdd yr ardd yn llawn blodau gwyllt. Dywed ambell hen wàg na fu cystal cnydau mewn gerddi ar ôl cael gwared ar y tŷ bach, a'i wrtaith llesol, yng ngwaelod yr ardd.

Wedi iddi ddod dros colli ei chariad priododd Anti Sarah â gŵr cyfoethog, gwidman wedi riteiro o ffermio. Prynodd le bach, rhyw hanner plas o'r enw Coedlan, gyda sawl erw o dir. Credaf hyd heddiw mai dyma'r tŷ mwyaf deniadol i mi ei weld erioed yn unman yn y wlad. Safai i lawr lôn fach gyda choed ar bob ochr. Roedd wal yn amgylchynu'r ardd, a dau ddrws mawr pren a modrwy fetel drom yn eu hagor i'n gadael i mewn. Wrth gwrs agorai drws y ffrynt i'r ardd hefyd a dyna oedd nefoedd fach. Safai'r tŷ bach yn y goedwig ychydig bellter i ffwrdd. Dyma le moethus arall i gyd-fynd â'r tŷ ei hunan. Roedd fy wncwl yn un o swyddogion Undeb Cenedlaethol y Ffermwyr, felly'r llenyddiaeth a lenwai'r tŷ bach oedd Adroddiadau'r Undeb. Roedd hwn yn bapur ardderchog at y pwrpas; yn feddal, a bron cystal â'r hyn a gawn heddiw. Wrth eistedd yma'n mwynhau'r heddwch dôi ambell ymwelydd heibio, gwiwer fusneslyd neu ffesant yn mynd am dro. Nid oedd yn syndod cwrdd â chadno yn y bore bach. Cadwai fy modryb ffowls, a theimlai'n bryderus iawn ynghylch eu diogelwch. Gwelais yr hen gena fwy nag unwaith yn bwyta brecwast ar y clos gyda'r ieir heb wneud unrhyw sylw ohonynt. Gwelais hefyd gartref un bore olion y llanast a wnaeth un ohonynt ar ôl noson stormus o aeaf. Anghofiwyd cau'r tŷ gieir y noson cynt a gwelodd ei gyfle. Torcalonnus oedd gweld yr holl gyrff yn y cwt; dyma oedd lladd er mwyn lladd, dim rheswm arall. Mae'n debyg i'r un peth ddigwydd ar yr un noson ar fferm gyfagos.

Ar fferm arall y byddwn yn ymweld â hi'n fynych ceid tŷ

bach unigryw. Nid oedd yn hen iawn, ac fe'i adeiladwyd o bren a sinc. Lleolwyd ef dros nant, a redai'n gyflym oddi tano; dyma ymdrech wych at greu system fodern gyda'r carthion yn mynd lawr i'r môr gyda'r lli. Beth fyddai ymateb y Bwrdd Dŵr a'r Awdurdod Afonydd heddiw? Wedi meddwl, methaf gofio'n iawn ble'r oedd tarddiad y nant nac i ble'r arweiniai. A oeddynt wedi cloddio i chwilio am ddŵr a chreu twnnel? Yr oll a welwn i wrth edrych i lawr y twll oedd ogof ddofn a dŵr yn rhuthro heibio. Yr oedd llawer i'w ddweud dros y math hwn o doiled, ond teimlwn ryw ysgryd pan eisteddwn yno gyda sŵn y dŵr yn rhuo oddi tanaf.

Yn y berllan y lleolid tŷ bach Nant-blaen. Dyma le braf, wedi ei amgylchynu ar un ochr gan goed ffrwythau a choed bytholwyrdd. Galwem y rhan yma 'Y Plantation', er na wn i ddim pam, na phwy a'i bedyddiodd â'r enw. Ac ar yr ochr arall disgynnai'r tir i gwarel lle'r oedd llyn yn llawn dŵr a ddisgynnai o gae. Does neb yn defnyddio'r enw mwyach ac nid yw'r lle'n debyg i'r hyn a fu. Safai'r tŷ bach yn y cornel a choeden afalau ar ei bwys a'i brigau mawrion fel canopi mawr drosto. Ddiwedd haf oedd yr amser gorau i fynd i ymweld â theulu Nant-blaen, pan oedd y goeden afalau'n pingo. Hawdd oedd gwneud esgus i fynd i'r tŷ bach ac eistedd yno'n bwyta afalau cochion melys.

O'r holl doiledau cyntefig i mi eu gweld doedd dim gwaeth na rhai'r ysgol. Roedd toiledau i'r merched a rhai i'r bechgyn, sawl un mewn rhes, a'u cefnau at ei gilydd. Roeddynt yn afiach gan fod cymaint o blant yn eu defnyddio a'r bwcedi ond yn cael eu harllwys unwaith y dydd. Hen bapur newydd wedi ei dorri a'i hongian oedd yno. Rhwng yr arogl a'r budreddi ar y lloriau, dim ond argyfwng fyddai'n peri i unrhyw un ymweld â hwy erbyn y prynhawn. Nid gwaith hawdd oedd gan y gofalwr, ond erbyn y bore roedd yr ysgol a phob man yn berffaith lân, a thân yn y gratiau yn y gaeaf.

Credai dynion y wlad mewn gwneud defnydd o'r beudy neu gefn clawdd yng nghwmni eu hanifeiliaid, i gyflawni eu dyletswyddau. Ar ôl gweithio'n hir yn y caeau rhaid oedd mynd dros ben clawdd, os nad oedd yna iet, er mwyn ateb galwad natur.

Daeth Martin y 'faciwî i siarad Cymraeg trwsgl. Pan ofynnai fy mam iddo gyflawni gorchwyl fechan dôi ati a'r olwg fwyaf diniwed ar ei wyneb a dweud, 'Aunty, I must go and agor dy drowser'. Wrth gwrs doedd dim dal ble fyddai'r crwt yn cyflawni'r weithred, na phryd y dôi'n ôl i wneud y jobyn, gydag esgusodion fil.

Lawr yng ngwaelod yr ardd oedd tŷ bach yr efail gerllaw, ond am ryw reswm oedd yn anhysbys i bawb ond iddo ef ei hun, yn hytrach na defnyddio hwnnw âi'r gof heibio'r tŷ i fyny dreif y plas sawl gwaith y dydd. Os hapiai rhywun ei gyfarfod pan fyddai ar ei daith, yr un stori fyddai ganddo bob tro. Safai a throi ei ben rownd ac edrych i'r awyr a dweud, 'Ys gwn i beth mae'n mynd i wneud?' gan gyfeirio at y tywydd. 'Rwy'n mynd i weld sut mae'n edrych dros y Frenni Fawr,' a bant yr âi. Rhaid cyfaddef fod y Frenni i'w gweld o fan arbennig lan y dreif. Dwn i ddim a oedd yn angenrheidiol iddo archwilio rhagolygon y tywydd sawl gwaith y dydd, ond dyna fyddai ei esboniad bob amser. Wrth gwrs, roedd ymweliadau'r gof yn enwog i bob enaid byw yn y pentref.

Pan oedd gwaith adeiladu'n brin gan fy nhad-cu, arferai fy wncwliaid fynd i ffwrdd i chwilio am waith arall. Dau beth yn arbennig y gwelent eu heisiau pan fyddent i ffwrdd ac yn gweithio mewn trefydd, sef mynd i'r toiled yn yr awyr agored, a chael cawl i'w fwyta. Wedi dychwelyd adre roedd hi'n gawl i frecwast, cinio a swper nes iddynt gael digon arno.

Y tro cyntaf i mi fyw mewn man ac iddo ystafell ymolchi – ar wahân i aros am gyfnodau gyda pherthnasau yn ne Cymru – oedd pan euthum i'r brifysgol ar ddiwedd yr Ail Ryfel Byd. Canlyniad hyn oedd i mi gael bàth bob dydd. Syndod mawr oedd gweld digon o ddŵr twym yn dod allan mor rhwydd o'r tapiau. Dyma sefyllfa bur wahanol i'r hyn yr oeddwn wedi arfer â hi, sef cario dŵr i'r boeler ger y tân a thwymo rhagor mewn tegell, a cheisio cael digon o ddŵr gweddol dwym i arllwys i'r twba sinc o flaen y tân. Rhaid oedd taro ar adeg gyfleus pan nad oedd neb o gwmpas er mwyn cael bàth – tipyn o dasg!

Nid oedd dŵr cyngor ychwaith pan oeddwn yn blentyn, ond yn ffodus iawn yr oedd gennym ffynnon ddeunaw troedfedd o ddyfnder yn y lawnt o flaen y tŷ na fyddai byth yn sychu. Cofiaf y bwced yn cael ei ollwng i lawr wrth raff a'i ddirwyn lan yn llawn dŵr. Adeiladwyd y ffynnon â cherrig mewn ffurf cylch, ac ar draws y top gorweddai prennau gan greu sgwâr, ac yna gylchoedd o gerrig i ddal y bwced a'r rhaff uwchben y cyfan. Roedd tamaid o bren reit simsan yn gaead i'r ffynnon, a sylwodd y doctor arni pan alwodd i weld un o'r plant oedd yn sâl, gan ofyn ai addurn neu ffynnon go iawn oedd hi. Ar ôl cael ateb, aeth yn syth i gael golwg manwl a gweld pa mor wanllyd oedd y caead.

'Peidiwch â hala i'm nôl i pan syrthith rhywun i fewn a boddi,' oedd ei ymateb.

'Ie, ond mae'n plant ni'n gwybod yn iawn am y perygl – ân' nhw ddim yn agos,' oedd fy ateb cloi i.

'Nid eich plant chi rwy'n ddisgwyl dynnu allan ond plant rhywun arall. Peidiwch galw arna i hyd nes bo chi wedi rhoi top saff ar y winsh 'na.'

'Reit, syr, neges wedi ei deall,' ac aeth y gŵr ar unwaith i wneud caead newydd, un trwm a diogel, i'r ffynnon. Rhyw ganllath lan yr hewl roedd tŷ arall â ffynnon yn debyg i'n heiddo ni, ond yn yr ardd dipyn o bellter o'r tŷ. Pan oedd yn cerdded heibio un diwrnod, meddyliodd Evan Tom iddo glywed llais gwan yn galw o gyfeiriad gardd Bryn-teg. Arhosodd a gwrando, ac yna clywodd y llais eto. Penderfynodd mai gwell fyddai ymchwilio. Aeth i'r tŷ yn gyntaf i weld a oedd Nan, y widw ganol oed, i mewn, ond er bod y drws ar agor doedd dim sôn amdani. Yna aeth allan a galw ei henw yn uchel a dyma lais bach gwan yn ateb o gyfeiriad y ffynnon. Aeth i weld, ac yno yr oedd Nan yn sefyll ar silff heb fod ymhell o'r top, heb unrhyw berygl iddi foddi. Gyda help ysgol achubwyd Nan yn ddianaf a heb fod fawr gwaeth ar ôl ei hanffawd. Credid yn gryf mai act oedd hyn oll i dynnu sylw ati ei hun. Teimlai braidd yn isel ei hysbryd ar y pryd gan fod gwidman a arferai ymweld â hi'n gyson yn dechrau cilio, ac ymweliadau Defi Jones yn mynd yn fwy anfynych. Tebyg ei fod yn cael traed oer, a theimlai Nan fod rhaid llunio rhyw strategaeth o'r newydd i ddenu sylw.

Bob haf pan oedd y tywydd ar ei sychaf, dôi dyn i lanhau ein ffynnon. Draeniai'r dŵr allan a mynd i lawr ysgol i lanhau'r cerrig gan y byddai hen sleim wedi casglu arnynt. Yna gwyngalchai'r cyfan i'w ddiheintio. Defnyddid calch i'r pwrpas yma'n fynych. Ar adegau byddai fy nhad-cu yn torri croen ei ddwylo wrth drin cerrig pan oedd yn adeiladu, yna dabiai hwy â chalch, a hwnnw'n llosgi'n enbyd rwy'n siŵr. Defnyddid piswel at yr un pwrpas. Gwelais ffermwyr wedi gorffen gwaith bawlyd ofnadwy yn mynd i'r beudy ac yn aros i fuwch basio dŵr, yna'n dal eu dwylo o dan y llif a'u rhwbio.

Y cam nesaf ymlaen yn y system ddŵr oedd piben o'r ffynnon i bwmp llaw y tu allan i ddrws y cefn ynghlwm wrth wal y tŷ. Treuliais lawer o'm hamser yn pwmpo dŵr i'r tŷ ac i'r anifeiliaid, yn enwedig yn y gaeaf pan fyddai'r gwartheg i mewn yn y beudy trwy'r amser. Gwaith blinedig iawn oedd cario bwcedi sinc yn llawn dŵr a hwythau'n drwm iawn. Pan beidion ni ag yfed dŵr y ffynnon symudwyd y pwmp i'r beudy. Yn araf bach symudem ymlaen o'r dyddiau tywyll du. Safodd y ffynnon gyda ni a bu'n ddefnyddiol iawn yn ystod haf sych 1976. Ni allem yfed y dŵr gan nad oedd wedi ei brofi'n iawn, ond gallem wneud defnydd ohono at bob angen arall. Er mawr loes i mi, fe syrthiodd y ffynnon i mewn ddeng mlynedd yn ôl, gan fod y prennau wedi pydru ar ôl cant a hanner o flynyddoedd. Bu'n rhaid i ni lanw'r ffynnon â cherrig gan y costiai ffortiwn i adeiladu'r cyfan yn ôl i'w hen ysblander.

Daeth dŵr y cyngor o'r diwedd mewn ffurf ddigon cyntefig. Ar ochr yr hewl, ganllath o'n tŷ, adeiladwyd seston a thap iddi gyda fflagen yn gaead arni. Caem ein dŵr yfed yno, a dŵr ar gyfer popeth arall o'r ffynnon. Daeth y seston yn lle i'r gwragedd gwrdd, gan eistedd ar y fflagen yn aros i'r dŵr lenwi'u bwcedi. Fe'n hatgoffwyd yn fynych am yr hanes yn Genesis am was Abraham yn cael ei anfon i chwilio am wraig i'w fab Isaac gyda'r cyfarwyddyd, 'Saf wrth y ffynnon ddŵr, lle mae merched gwŷr y ddinas yn dod i dynnu dŵr'.

Bu brwdfrydedd a chyffro mawr ym 1935 pan glywid fod dŵr cyngor yn cael ei baratoi ar gyfer pob tŷ ar hyd y ffordd fawr. Sefydlent dapiau dŵr o fewn ychydig latheidi i'w gilydd ac yn agos at bob tŷ. Y peth cyntaf i'w wneud oedd adeiladu cronfa ar fferm gyfagos, ac aeth y contract i ddyn o ogledd Cymru. Rhaid oedd cyflogi gweithwyr lleol, ond dôi'r gwybodusion o ardal y 'Gogs'. Galwem y gŵr oedd yn gyfrifol am y gwaith yn Bonzo, ac yr oedd gwraig yn byw gydag ef a alwai ef yn howscipar. Arhosai'r ddau yma ar fferm yn agos i'r gwaith tra arhosai'r fforman, a oedd yn frawd i'r howscipar, gyda ni. Wyth oed oeddwn pan ddaeth Bonzo a Bob i'r tŷ am y tro cyntaf a siaradent iaith oedd yn ddieithr iawn i mi. Er na allwn siarad Saesneg ar y pryd gwyddwn fod yr iaith hon yn dipyn agosach i'r hyn a siaradwn i. Dyma'r tro cyntaf i mi gwrdd â gogleddwr a'i glywed yn siarad, ond ni fu fawr o amser cyn i ni ddeall ein gilydd yn iawn. Eto methwn ddeall beth oedd y gair 'rŵan' yma byddent yn ei ddweud bob yn ail air bron. Rywsut roedd yn ddianghenraid.

Rhybuddiodd Bonzo ni fod Bob yn hoffi diferyn, ond gan ei fod yn fachgen mor ffein, hawdd fyddai ei rwystro rhag mynd i'r dafarn a oedd ond hanner milltir i ffwrdd. Haws dweud na gwneud. Nid oedd yn rhy ddrwg ar y dechrau, ond un noson a hithau'n dra hwyr doedd dim sôn am Bob. Roeddwn yn rhy bryderus i fynd i'r gwely nes i Bob gyrraedd yn ôl yn saff. O'r diwedd clywsom ef yn dod tua'r drws yn ansicr ei draed. Anghofia i byth mo'r olygfa; roedd yn wlyb domen er nad oedd yn bwrw glaw, yn nhraed ei sanau ac yn dal un esgid yn ei law. Ei eiriau cyntaf mewn lleferydd braidd yn drwsgwl oedd, 'One shoe missing, rŵan, syrthiais i'r ffos a chollais fy esgid, ac rwyf wedi bod yn chwilio amdani trwy'r nos.'

Bu raid iddo ymddiosg yn y gegin fach a mynd i'w wely'n gyflym. Dyma'r diwedd mor bell ag oedd fy mam yn y cwestiwn, gan mai un o ferched Cranogwen oedd hi. Dywedodd wrtho yn y bore fod yn rhaid iddo fynd. Bu fy mam ac Anti Nell yn chwilio am yr esgid ac fe'i cafwyd wedi ei dal gan glotasen yn y rhewyn dŵr a redai gydag ochr y ffordd.

Aeth Bob i fyw i'r fferm at ei chwaer a Bonzo. Nid oedd teulu'r fferm yn ddiolchgar iawn i ni am ei anfon atynt, a theimlent yn ddig, ond doedden ni ddim yn gyfarwydd ag ymddygiad tebyg. Safai'r fferm ddwy filltir o'r pentref agosaf a cherddai Bob i'r dafarn yno bob nos, ac yr oedd y ffordd adref yn anodd ac yntau wedi yfed. Un noson ni chyrhaeddodd adref ar yr amser arferol ac aeth pawb o'r fferm i chwilio amdano gyda lampau storm a thorsiau. Ofnent yn fawr iddo geisio dod adref drwy gae'r gronfa ddŵr a chwympo i mewn i un o'r ffosydd agored oedd yn llawn dŵr. Wedi treulio noson ofidus iawn cafwyd yr wybodaeth, wedi holi am ei hanes yn y pentref y bore canlynol, i rywun gymryd trueni drosto a rhoi gwely iddo am y nos. Y diwedd fu i Bob orfod dychwelyd i'r gogledd gan ei fod yn ormod o gyfrifoldeb i Bonzo a'i chwaer – ac i'r pentref cyfan!

Ni chawsom gyflenwad trydan nes i mi gyrraedd fy ugeiniau. Rhaid oedd defnyddio lampau olew y tu fewn i'r cartref a chario lampau storm a thorsiau y tu allan. Golau gwan oedd gan y lamp olew a'i gwnâi'n anodd iawn darllen ar ôl iddi dywyllu. Dwn i ddim sut y llwyddais i wneud fy ngwaith cartref. Credaf yn gryf yn fy Nghreawdwr ac yn fwy byth oherwydd y ffordd y gofalodd am fy mam. Os oedd awydd darllen yn y gwely rhaid oedd wrth gannwyll. Yn ei hen ddyddiau roedd hi'n hoff iawn o ddarllen, yn enwedig yn y gwely – cyfuniad rhyfedd o bennod o'r Beibl ac un o'm comics i bob nos. Daliai'r ganhwyllbren ar y gwely mor agos ag oedd bosib i'r hyn a ddarllenai. Gwn iddi syrthio i gysgu tra oedd yn darllen fwy nag unwaith a hynny heb ddiffodd y gannwyll. Dihunai yn y bore i weld y ganhwyllbren wedi cwympo drosodd a'r gannwyll wedi llosgi allan a charthen y gwely'n wêr i gyd. Rywsut neu gilydd cafodd ei harbed rhag llosgi'n ulw.

Ar ddechrau'r ugeinfed ganrif, defnyddid y tân agored er

mwyn berwi neu ffrio, a'r ffwrn wrth ochr y lle tân i bobi. Yr oedd ffwrn olew gan rai pobl. Cedwid y tegell cast yn dwym ar y pentan ac yna ei roi ar y tân pan fyddai angen dŵr berw. Yr oedd glo yn ddrud, felly cwlwm a ddefnyddid gan y mwyafrif o'r bobl gyffredin, sef dwst glo wedi ei gymysgu â chlai, yna ei ffurfio'n beli bach yn barod i'w rhoi ar y tân. Digon rhad oedd y dwst, a cheid digon o glai yn lleol. Prynem hanner tunnell yr un ohonynt cyn y gaeaf, a'u gadael mewn dau dwmpath ar y clos, yna'u cymysgu â rhaw ac agor twll yng nghanol y gymysgedd i arllwys dŵr iddo. Yna cymysgu unwaith yn rhagor a gofalu peidio ychwanegu gormod o ddŵr er mwyn i'r cwlwm sychu rywfaint wrth ei storio. Teimlai'r pentrefwyr ryddhad mawr unwaith iddynt gael y cwlwm dan do, a gobaith wedyn am wres yn ystod y gaeaf oer. Edrychai un ffermwr bywiog ymlaen at gymysgu cwlwm bob blwyddyn. Tra câi'r rhan fwyaf o bobl hwn yn ddiwrnod o waith caled, iddo ef diwrnod o bleser digymysg ydoedd. Gofalai fod y cynhwysion yn un twmpath ar ganol y clos, yna neidiai ar gefn ei geffyl a gadael i'r creadur hwnnw wneud y cymysgu. Codai eiddigedd ar ambell un ond credai'r mwyafrif fod yna fwy o waith glanhau'r clos ar ôl hynny na chymysgu â rhaw yn y lle cyntaf.

Pechod marwol oedd gadael i'r tân cwlwm ddiffodd nos neu ddydd ac roedd stwmo'r tân cyn mynd i'r gwely bob nos yn dipyn o broses. I ddechrau rhaid oedd gofalu cael tân cryf yn y grât, yna rhoi'r peli cwlwm dros y tân yn glòs iawn at ei gilydd. Yn y bore, y cyfan oedd angen ei wneud oedd torri twll yn y crwstyn caled o gwlwm â phocer a gwelem fflam las yn dod allan o'r tân. Siglid y llwch allan rhwng barrau'r grat â'r pocer, yna'i gasglu a'i gario i'r domen, a dyna ddechrau diwrnod newydd. Nid oedd cwlwm yn cynhyrchu gwres

uchel ond roedd yn wres cyson ac roedd dŵr twym bob amser
yn y boeler ar bwys y tân yr ochr arall i'r ffwrn. Y broblem
fwyaf gyda chwlwm oedd y gwaith bawlyd o wneud a thrin y
peli, a doedd neb wedi clywed am fenig rwber bryd hynny.
Cyn mynd allan i ymweld neu i'r cwrdd yn ei dillad gorau,
rhaid oedd i wraig y tŷ olchi pilyn o ddillad er mwyn cael ei
dwylo'n lân a gwyn.

Cofiaf am ffrind i mi'n dod adre o Lundain er mwyn nyr-
sio'i mam oedd yn wael, ac yn talu trwy'i thrwyn i'w brawd
am wneud y peli cwlwm i osgoi dwyno'i dwylo. Gyda
gwelliant yn safonau byw'r werin daeth y Dover Range i'r
cartrefi, yn cael ei ddilyn gan y Triplex ac yna'r Rayburn a'r Aga
i goginio a thwymo dŵr, ac mae'r rhain gennym ni heddiw.
Gyda'r ffasiwn newydd o ratiau teils i ddal y tân agored yn yr
ystafell eistedd, ffarweliwyd â'r cwlwm ac aeth yn danwydd y
gorffennol. Daeth coed a glo yn boblogaidd fel tanwydd i'r
tanau agored newydd; roeddynt yn llawer glanach, yn
dwymach ac yn cynhyrchu tipyn llai o ddwst.

Bwyd plaen fyddai ar y fwydlen ond wedi ei goginio'n flas-
us. Bob nos Sadwrn galwai Dai Owen y Bwtsiwr â lwmpyn o
gig ffres gogyfer â chinio dydd Sul. Byddai wedi ei lapio'n
barod a'r pris oedd pedwar swllt a chwe cheiniog, yr un faint
bob wythnos. Doedd dim sôn am chwyddiant yr adeg honno.
Yn fynych, anodd oedd dyfalu cig pa anifail oedd yn y pecyn,
heb sôn am ba ran ohono neu faint o bwysau ydoedd a beth
oedd y pris am bwys. Creadur annwyl iawn oedd Dai Owen
a ddôi oddi amgylch mewn hen fan druenus yr olwg. Yr hyn
a gofiaf fwyaf amdano oedd ei ddwylo bawlyd a awgrymai fod
y fan yn mofyn help nawr ac yn y man ar y ffordd. Trigai ei
dad-yng-nghyfraith, y gŵr a ddioddefai gyda'i brostrad, ar ein
pwys a byddwn yn mynd i nôl ei bensiwn o'r Swyddfa Bost

filltir i ffwrdd bob bore Sadwrn. Deg swllt oedd y swm a gas-
glwn, ond dim ceiniog i'r wraig. Roedd y cartref ar waelod lôn
fwdlyd iawn ac ar hanner ffordd roedd iet yn rhannu dau
ddarn o dir. Ar yr iet roedd tamaid o fetel a'r geiriau 'Please
shut the gate' arno. Dyma hen iet drom, gas ei hagor, a meth-
wn yn lân â deall beth oedd ei phwrpas. Cefais y fath drwbwl
i'w hagor un dydd nes i mi fynd adre a chwilio am hoelen a
blaen gweddol fain iddi a dychwelyd y dydd canlynol a thor-
ri'r geiriau 'O.K. I'll Shit it' o dan y geiriau oedd yno'n barod.
Gwnaeth yr hen foi lawer o ffws pan welodd hwn a methai
ddyfalu pwy allai fod yn gyfrifol. Merch fach dda oeddwn i, a
wnaeth neb fy amau o'r fath weithred na'r fath eirfa!

Yn dâl am ddod â'r pensiwn bob wythnos, a hynny tua
amser cinio, byddai llond bowlen o gawl, gyda llwy bren i'w
fwyta, yn fy aros. Doedd dim amheuaeth yn fy meddwl nad
Bridget, gwraig Cwm-bach, a wnâi'r cawl gorau yn yr ardal.
Roedd y llwyddiant yn rhannol ddyledus i Dai Owen y mab-
yng-nghyfraith a adawai nifer o esgyrn bob nos Wener, ac i
Jonah y gŵr am dyfu llysiau yn yr ardd, yn enwedig y cennin.
Beili ar ystad Glanaber fu Jonah cyn prynu'r lle bach
Cwmbach. Yn fynych gwelid gweision y stadau mawr yn
ffynnu tra âi'r perchenogion yn dlawd. Roedd nifer o
ffactorau'n gyfrifol am eu cwymp, ac nid y lleiaf ohonynt oedd
whisgi.

Ymwelai'r gof â'r dref unwaith yr wythnos i gwrdd â
thrafaelwyr a werthai fwyd anifeiliaid iddo. Gwnâi'r siopa i'w
gymdogion, a'r wledd i ni bob hyn a hyn oedd sleisen o'r pys-
godyn cegddu. Dyma'r unig bysgodyn y gwyddwn amdano, ar
wahân i fecryll a sgadan a werthid ar y traethau lleol yn yr haf.
Gwyddem am y potsian samwn ar yr afon ychydig i ffwrdd,
ond ni fyddem fyth yn elwa ohono. Mae'n debyg fod

Aberdaugleddau'n un o borthladdoedd pwysig y pysgodyn cegddu ar y pryd.

Byddai'r tatw a dyfem yng nghae'r fferm drws nesaf yn cael eu graddio, ar ôl eu cynaeafu, i dato had, a oedd yn weddol fach, rhai mwy i'w bwyta, a'r gweddill i'w taflu o'r neilltu i'w cadw yn fwyd i'r anifeiliaid. Cymysgid rhai o'r tato yma â maip, eu torri'n fân a'u berwi i'r moch. Tyfid maip ar bob fferm, a phob hydref dôi Dafydd Llan-lwyd â llond cart ar hyd y ffordd, wrth fynd â nhw i'w ferch Hannah yn Nhŷ-croes. Taflai sawl meipen i erddi ffrynt y tai ar ymyl y ffordd. Ysgwn i faint oedd ar ôl i Hannah ar ddiwedd y daith! Gwerthfawrogid hwy yn fawr gennym oll. Fu erioed raid i ni brynu maip oherwydd byddai rhyw ffermwr caredig bob amser yn gofalu fod cyflenwad gyda ni, er wrth gwrs rhaid oedd talu'r gymwynas yn ôl yn y ffordd orau y gallem. Credid yn gryf mewn maip fel bwyd iachus a gliriai'r system drwy gasglu nwyon afiach wrth i'r bwyd deithio drwy'r coluddion a'u gadael allan o'r corff.

Cawl oedd y prif fwyd, a goginid ddydd Llun i bara trwy'r wythnos. Torrid lwmpyn o'r cig mochyn a oedd yn hongian o'r nenfwd a'i ferwi mewn sosban fawr, ei dynnu allan pan fyddai'n barod ac ychwanegu llysiau – yn cynnwys digon o gennin – i'r hylif yn y sosban a'u berwi. Bwyteid y cawl o fowlen â llwy bren. Aildwymid y cawl oedd ar ôl i ginio bob dydd, a'r farn gyffredin oedd ei fod yn gwella yn ei flas ar ôl bob twymad. Gallai'r cig fod yn seimllyd iawn a llawer ohono'n gig gwyn, ond roedd yn flasus gyda phicls a betys. Roedd bacwn wedi'i ffrio, wyau a digon o fara braster yn bryd o fwyd poblogaidd, yn enwedig pan mai sleisen dda o'r ham fyddai'r bacwn. Roedd llawer o siarad am 'leinis' yn y dyddiau gynt, a hynny'n ymwneud â iechyd. Credid nad oedd gan bobl wanllyd 'leinis' i'w stumog a'u hymysgaroedd. Dôi fy Wncwl Griff, a oedd yn byw yng Nghaerdydd, â'i blant, sef Oenwen a Harold, i aros gyda ni adeg y gwyliau oherwydd ofnai nad oedd ei wraig yn eu bwydo â bwyd digon maethlon, a byddent yn cael eu stwffio â chig moch, cawl a bara braster tra byddent ym Mharcderyn. Cynghorwyd un o'm ffrindiau ysgol gan ei doctor i fwyta rhagor o gig gwyn a mwy o fraster oherwydd ei gonsyrn am ddiffyg 'leinis' yn ei stumog. Mae'r rhod wedi troi erbyn heddiw a chig coch yn unig yn cael ei fwyta gan y mwyafrif. I frecwast, a phan deimlai pobl yn anhwylus, griwel wedi ei wneud o fara ceirch fyddai ar y fwydlen. Rhywbeth tebyg i uwd ydoedd, a bwyteid ef yn yr un modd, gyda llaeth a siwgr brown.

Gwneid cacennau allan o fara ceirch hefyd. Prynai'r gwragedd sached o fflŵr ar y tro i wneud bara ac yr oedd burum ar gael yn y siop leol. Yn ystod y Rhyfel Byd Cyntaf roedd prinder fflŵr, a defnyddient ryg i wneud bara. Pobent ddigon o fara ar y tro i fwydo'r teulu am wythnos. Tyfai un o'n cymdogion wenith, a oedd braidd yn anarferol yn yr ardal hon gan fod yr hinsawdd mor wlyb, a bob tro yr ymwelwn â'r fferm rhoddai'r wraig dorth o fara imi. Roedd hon yn dra gwahanol i'r un a bobai fy mam; yn dywyll a chaled, wedi ei gwneud o'r gwenith yr oeddynt wedi ei falu eu hunain. Edrychai'r dorth fel rysáit ar gyfer diffyg traul, ond i brofi nad wrth ei big y mae prynu cyffylog roedd yn flasus iawn, ac ni fu un helynt ar ôl ei bwyta. Clywais gymydog i'r teulu'n dweud na welodd erioed wraig yn rhedeg cartref yn debyg i Mari Coedlas. Credai ei bod yn rheolwraig arbennig. Byddai'r wyth plentyn yn cael digon o fwyd a bob amser yn lân a thrwsiadus. Ni châi fawr o help gan Defi John y gŵr, a oedd yn hoff o'i ddiferyn ac o wisgo fel gŵr bonheddig. Clywais hanes amdano ef a'i ffrind yn mynd i sioe amaethyddol leol ac yn treulio'r prynhawn ym mhabell y cwrw. Ar y ffordd adref sgwrsiai'r ddau yn hynod ddoeth am helyntion y dydd ac meddai un wrth y llall mewn lleferydd araf a chywir, 'Oni welon ni filoedd o bobl heddi?' 'Do, filoedd,' oedd yr ateb, 'a dyna beth sy'n ddoniol, doedd dim dou yr un peth.' Cytunai'r ddau, a buont yn trafod y testun yr holl ffordd adref. Dywedir mai dim ond dyn meddw a phlentyn sydd bob amser yn eirwir.

Dydd Sul oedd yr unig adeg o'r wythnos pan fwyteid cig a dau lysieuyn i ginio. Yr arfer cyffredin oedd bwyta'r llysiau pan oeddynt ar gael yn yr ardd fel un pryd bwyd ar eu pennau'u hunain. Berwid bresych, wynwns, ffa neu gidnabêns a'u bwyta i swper fel arfer, wedi eu boddi mewn menyn, a digon o bupur a halen a llond plât o fara menyn. Fy ffefryn i oedd bresychen wedi ei berwi, yn enwedig y galon wen. Ambell flwyddyn, fel sy'n digwydd yn awr, tyfai llond cae o fadarch, a dyna beth oedd ffest gyda bacwn ac wy. Hefyd bwytaem ysgadan wedi eu halltu fel cipers. Ystyrid y pysgod yma'n feddyginiaeth i unrhyw un a gollai ei archwaeth at fwyd, a phe digwyddai i'r mochyn yn y twlc droi ei drwyn ar ei bryd, doedd dim gwell i'w demtio i fwyta na chiper blasus.

Pla tragwyddol y ffermwyr hyd y pumdegau oedd cwningod, a chyda'u patrwm cenhedlu yr oeddynt mor niferus fel y bwytaent ganran uchel o'r cnydau a dyfid yn y caeau. Er hynny gwnaent lawer pryd da o fwyd i'r teuluoedd tlawd. Trapio cwningod oedd galwedigaeth nifer o ddynion, a symudent o un fferm i'r llall i gyflawni'r gwaith. Darparai hyn ychydig o iawndal i'r ffermwr am y golled. Defnyddient *gin trap* a magl sy'n anghyfreithlon heddiw. Dôi ffermwyr at ei gilydd weithiau i ffureta am gwningod, gyda chŵn a drylliau.

Daeth gofid y cwningod i ben yn y pumdegau pan ledodd y clefyd mycsomatosis. Dyma glefyd creulon, a diflannodd y cwningod bron i gyd mewn byr amser.

Gwaith afiach iawn oedd trapio, oherwydd byddai'r dynion yn gorfod cario'r cwningod a'r trapiau gwlyb ar eu cefnau. O ganlyniad i hyn dioddefai nifer ohonynt gan grydcymalau a chlefyd yr ysgyfaint. Byddent allan ym mhob tywydd a doedd dim o'r dillad sydd ar gael heddiw i'w diogelu rhag gwlychu, dim ond cot wlân a hen sach dros eu cefnau. Gosodai'r ffermwyr ambell drap neu fagl eu hunain, i ddal cwningen yn fwyd i'r teulu, a gadawent i'w gweision wneud yr un peth. Pryd blasus tu hwnt oedd pastai gwningen. Yn gyntaf fe'i blingid hi, yna'i thorri'n bedair rhan, ei rhoi mewn dysgl gyda wynwns a moron wedi eu sleisio, a sawl sleisen o gig mochyn gyda digon o gig gwyn, yna ychwanegu dŵr wedi ei gymysgu ag ychydig o fflŵr, a chrwstyn brau dros y cyfan a'i goginio yn y ffwrn. Roedd y pryd twym gyda thato wedi eu pwtsio'n hynod o flasus, ond gwell fyth oedd pastai oer, a blas y cig moch a'r grefi'n ardderchog.

Cawsom ni ddau dro reit drwstan yn ymwneud â'r trapiau. Pan ddôi Wncwl Griff a'i deulu ar wyliau, hoffai fynd allan i'r caeau â thrap i dreio dal cwningen, gan ei fod yntau hefyd yn hoff o'n pastai. Un dydd aeth allan gyda'i ferch wyth oed i dreio'i law. Heb yn wybod i neb aeth Oenwen ar ei phen ei hun yn hwyrach yn y dydd i weld y trap. Y peth nesaf, clywsom sgrechiadau ofnadwy yn dod o gyfeiriad y cae, ac wrth redeg i weld beth oedd yn bod gwelem hi'n rhedeg tuag atom a'i braich allan, a'r trap yn hongian wrth ei bys. Ni wnaed drwg mawr i'r bys, diolch am hynny.

Gallem feddwl i'm hwncwl gael digon o wers i gadw draw o'r trapiau, ond aeth ati unwaith eto, a'r tro nesaf daliwyd cornel o dafod anifail yn y trap. Ie, Blodwen, un o'n tair buwch oedd perchen y tafod, y fuwch orau oedd gennym. Edrychai'n bur ddigalon, ond gan fod y toriad yn un glân ni fu fawr o waedu. Doedd gan y fet yr un feddyginiaeth wyrthiol i'w chynnig ond fe awgrymodd ein bod yn dod o hyd i hen gorn buwch – roedd y gwartheg yn cael cadw'r rhain bryd hynny – a'i ddefnyddio i arllwys olew'r olewydden i'w cheg i atal y tafod rhag sychu. Rhaid oedd ei bwydo sawl gwaith y dydd â llaeth a griwel. Roedd yn rhy werthfawr i'w gadael i drigo a rhaid ei nyrsio nos a dydd, fel y gwnâi pawb arall dan yr un amgylchiadau. Gwellodd Blodwen ac ni fu fawr gwaeth.

Cofiaf i un o'r da gael y clefyd mastitis a hynny cyn sôn am wrthfiotig. Cyngor y fet oedd chwistrellu dŵr oer ar y pwrs i gael y gwres lawr a rheoli'r llid. Digwyddai fod hen bwmp gwarthol ar gael, ac fe ddefnyddiwyd hwn i chwistrellu'r dŵr. Bu pawb yn helpu, dydd a nos, ac ar ôl dau ddiwrnod roedd Gwen yn holliach. Synnodd y fet with weld y gwellhad gwyrthiol gan y credai iddi ddioddef o'r math gwaethaf o fastitis a doedd fawr yn gwella ohono.

Cadwai pob ffermwr, a phawb arall bron, nifer o ieir, naill ai yn y cae, mewn cwt yng ngwaelod yr ardd neu mewn cornel bach o'r iard gefn. Roedd wyau'n rhan hanfodol o fwyd y werin. Cedwid ceiliog gyda'r ieir bob amser, a phan fyddai'r ieir yn glwc eisteddent ar eu hwyau. Byddai'r cywion yn cael eu cadw – y ceiliogod i'w bwyta a'r cywennod i ddodwy. Lleddid yr hen ieir i'w berwi i wneud cawl, a bwyteid y cig yn oer. Prynai'r tlawd yr hen ieir am y nesaf peth i ddim neu eu derbyn yn rhodd gan ambell ffermwr caredig, a gwnaent sawl pryd o fwyd i deulu newynog. Tyfid shalots yn yr ardd i wneud jariau o bicls i'w bwyta gyda chig oer. Dôi'r Sioni Wynwns draw o Lydaw a rhentu llofft dafarn yng Nghastellnewydd dros y gaeaf. Deuent â'r wynwns gyda hwy a'u rhaffu yma, yna tramwyent y wlad oddi amgylch ar eu beics i'w gwerthu. Dôi un cymeriad yn ôl bob blwyddyn, dyn o'r enw Jim a adwaenid gan bawb, ac a siaradai Gymraeg yn rhugl. Ni symudai Jim o'r gegin fach hyd nes y gwerthai raffed. Roedd y gwerthu'n broses hir a byddai llawer o ddadlau am y pris, ond gwyddai pawb fod y frwydr ar ben pan ddechreuai Jim lefain gan ddisgrifio sut yr oedd ei blant yn llwgu yn Llydaw. Ar ôl hyn doedd gan neb y galon i ddadlau rhagor. Gwyddai pawb ei fod yn gorddweud am ei dlodi, ond yr oedd ei fethod yn talu'r ffordd, ac ef oedd y gwerthwr wynwns gorau yn y fro. Roedd pawb yn hoff ohono, a daeth ei fab ar ei ôl, Cymro da arall ond nid cystal gwerthwr. Doedd dim angen tyfu wynwns yn yr ardd gan fod wynwns Sioni mor rhad ac mor ffein. Roedd gennym lawer yn gyffredin â'r Llydawiaid gan mai Celtiaid ydym, ac yr oeddynt yn dioddef gormes ar law'r Ffrancwyr.

Ar un adeg pan oedd y da yn sych bu raid i Mam-gu brynu menyn o fferm gyfagos. Deallodd fod y wraig yn codi gwahanol bris ar wahanol bobl, a'i bod hi'n talu'r pris uchaf. Teimlai fod hyn yn annheg, a gofynnodd am esboniad ar y gwahanol bris. 'Dyna yw'r pris i chi, Elizabeth,' oedd yr ateb. Ysgwn i a oedd y *means test* yn bodoli ar ddechrau'r ugeinfed ganrif! Doedd dim rhagor i'w ddweud ar y mater, a chan y byddai'r da yn dod â lloi cyn hir doedd fawr o werth chwilio am werthwr menyn tecach. Braf oedd cael digon o laeth ac ymenyn heb orfod dibynnu ar rywun arall.

Yn y llaethdy roedd treis bach o lechen i ddal y llaeth. Ar ôl i'r hufen setlo ar yr wyneb, cesglid ef a'i gadw hyd ddiwrnod corddi a rhoi'r llaeth sgim i'r moch a'r lloi. Gwneid ymenyn bob wythnos. Arllwysid yr hufen i fuddai fawr, y rhai a werthir fel 'hen bethau' deniadol heddiw. Troid braich y fuddai am yr hyn a deimlai fel oriau, nes wrth edrych i mewn drwy'r gwydr oedd yn y caead, y gwelid lwmpyn o fenyn wedi gwahanu o'r hylif. Unwaith pan oedd Anti Nell yn troi am ei bywyd, daeth plwg bach yn rhydd o'r caead a'i tharo yn ei thalcen. Bu craith yno drwy gydol ei hoes, ond trwy lwc ni chafodd niwed mawr, a gallai pethau fod yn llawer gwaeth. Codid yr ymenyn allan o'r fuddai, ei olchi'n lân ac yna gwasgu'r dŵr allan ohono, ychwanegu digon o halen a chyda clap-iau dwylo ffurfio blociau tua phwys yr un. Llaeth enwyn y gelwid yr hylif a oedd ar ôl yn y fuddai. Cyfrifid hwn yn faethlon iawn a gwerthir ef heddiw mewn siopau bwydydd iach fel rhywbeth prin. Ffest i ni oedd tato wedi eu pwtsio gydag ymenyn ac ychydig o laeth, a'i fwyta â llwy bren ac yfed llaeth enwyn yr un pryd. Gwell oedd gan rai gymysgu'r cyfan a'i fwyta fel hynny. Bwyteid y rhan fwyaf o'r menyn gartref ond gellid gwerthu'r peth oedd yn sbâr yn lleol. Roedd y sys-tem hon yn llawer gwell na llanw'r crochan dros yr wythnosau a'r ffermwyr yn dibynnu ar fympwy'r prynwyr pan aent i'r dref i werthu llond eu crochanau.

Prynid halen mewn blociau o halen craig yn pwyso 28 pwys yr un, a hynny unwaith y flwyddyn adeg lladd y mochyn. Byddai digon yn weddill ar ôl halltu'r mochyn at ddefnydd y tŷ yn ystod y flwyddyn. Rhaid oedd ei roi mewn crochanau bach a'i gadw'n agos at y tân i sicrhau na fyddai'n cael cyfle i leitho.

Pan oeddwn yn saith oed cynhaliwyd brecwast priodas i un o'r teulu yn fy nghartref. Eisteddai deuddeg o bobl oddi amgylch ford fawr yn ein hystafell fyw. Yr unig ran o'r wledd a gofiaf oedd y treifll. Fy mam a'i gwnaeth ac roedd y fowlen wydr a'i daliai y fwyaf a welais hyd y dydd heddiw. Dwn i ddim o ble y daeth nac i ble yr aeth, ond gwn nad ein bowlen ni oedd hi. Chefais i ddim mynd i mewn i'r ystafell a sefais y tu allan i'r drws cilagored yn edrych mewn yn syfrdan ar yr holl fwyta. Creulondeb oedd fy anwybyddu fel hyn a minnau ar fin llwgu. Ar ôl i'r cyfan orffen daeth Anti Sarah, a oedd wedi dod â'r holl fwyd i fy mam i'w baratoi, a mynd â phopeth oedd ar ôl i ffwrdd. Roedd bowlen y treiffl yn wag, a minnau wedi edrych ymlaen gymaint am ei flasu. Doedd bywyd ddim yn deg â phlant bach, a gallai pobl mewn oed fod mor ddideimlad tuag atynt.

Dysgais yn ifanc, felly, fod bywyd yn annheg ac, fel pob Cardi da, dysgais sut i wneud yn fawr o'r ychydig. Ond erbyn hyn, rhywbeth yn perthyn i'r oes a fu yw'r disgrifiad hwn o'r Cardi a'i fyd. Y mae'r gymdeithas a'r gymdogaeth hon wedi darfod. Bellach, y mae'r twlc yn wag a'r efail yn segur. Y mae'r mieri wedi tyfu dros yr hen dŷ bach ar waelod yr ardd ers tro. Ar iard ysgol y pentref clywir y plant yn chwarae yn Saesneg erbyn hyn. Aeth cymeriadau'r gyfrol hon, yn saint a phechaduriaid, yn ôl i'r pridd, a go brin y gwelwn eu tebyg eto yn ystod yr unfed ganrif ar hugain.

❧